U0076396

霜雪映初心

杜俊元㊕楊美瑳

何貞青 著

杜俊元

臺灣大學電機系學士，美國史丹佛大學電機工程博士，創立華泰電子公司與矽統科技公司，曾任職於ＩＢＭ公司華生半導體研究中心，擔任過臺灣大學電機系客座副教授、交通大學電子研究所兼任教授、聯華電子公司首任總經理。曾任慈濟大學慈誠懿德會志工、慈濟醫療基金會董事、慈濟南區榮董聯誼會召集人、大愛電視臺董事長、志玄文教基金會董事、印證教育基金會董事。

楊美瑳

中興大學會計系畢業，曾任華泰電子公司董事長、國際崇她社高雄育萱社創社社長、慈濟大學慈誠懿德會志工。目前為靜思茶道教師、高雄基督教女青年會董事。

一九六一年，就讀大學三年級的楊美瑳與即將出國深造的杜俊元結婚。

寂清
之不動
百千動

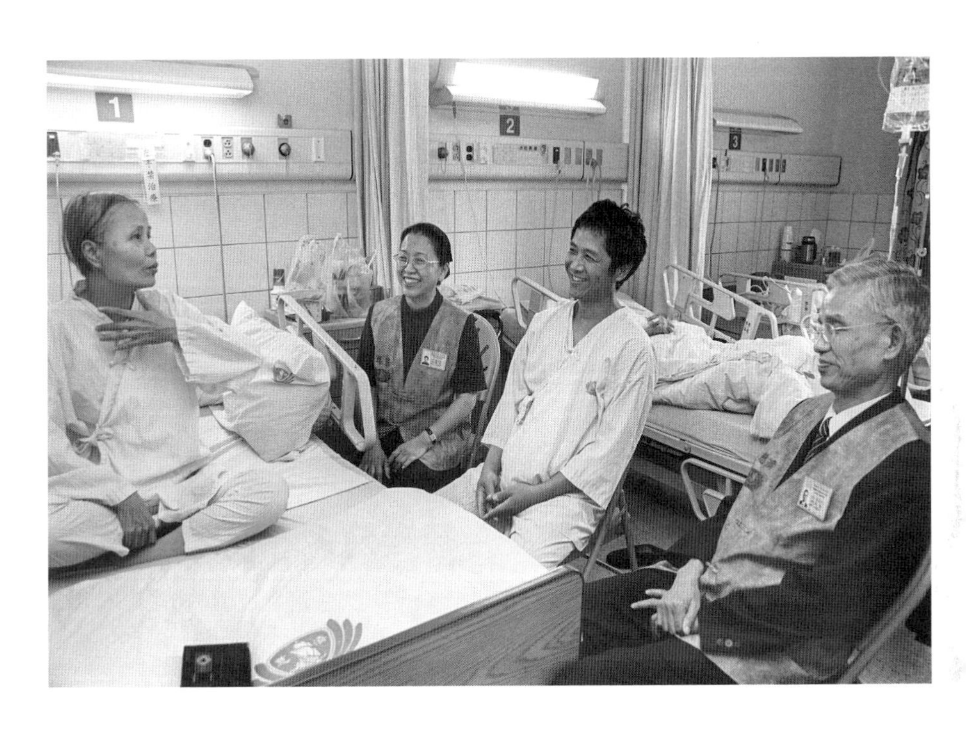

一九九二年，慈濟大學醫學系懿德家族孩子拜訪高雄杜宅。（右上）

二〇〇〇年，杜俊元夫婦帶大兒子、大兒媳與長孫來見證嚴法師。（右下／阮義忠攝）

二〇〇二年五月，健檢剛結束，杜俊元與楊美瑳即穿上志工背心去膚慰病人。（上／阮義忠攝）

地球村

二〇〇六年高雄靜思堂啟用典禮，三百位志工接力上臺演繹《三十七道品》音樂手語劇。（右／張兆和攝）

二〇〇二年，楊美瑳參與福田志工，於高雄分會打掃佛堂。（上／阮義忠攝）

動億百千劫

二〇〇七年六月十日，《清淨・大愛・無量義》音樂手語劇於花蓮靜思堂公演，杜俊元亦投入其中。（右上／王賢煌攝）

二〇〇八年四月十三日，實業家靜思生活營安排參觀慈濟花蓮環保教育站，學員杜俊元參與資源分類。（右下／郭玉婷攝）

二〇一〇年八月八日，高雄縣政府聯合各宗教團體為紀念八八水災周年舉行追思活動，杜俊元代表慈濟致詞。（上／陳延盛攝）

二〇一〇年九月二十日，凡那比颱風來襲，高雄分會成立協調中心，召集人杜俊元不斷以電話了解各地災情與需求。（上／王忠義攝）

二〇一一年元旦，大愛電視臺十三周年慶，透過衛星連線感恩各地環保志工護持。大愛臺董事長杜俊元於高雄靜思堂致贈「清淨在源頭　大愛遍全球」海報予環保志工。（左／潘機利攝）

清淨在源頭
大愛遍全球
大愛電視感恩您

二〇一一年五月八日，高雄慈濟志業園區舉辦浴佛典禮，杜俊元、楊美瑳帶領志工手捧香花及燈燭莊嚴進場。（上／莊慧貞攝）

二〇一二年七月二十四日，杜俊元、楊美瑳於《法譬如水——慈悲三昧水懺講記》讀書會中，神情專注地練習手語。（右上／陳裕炎攝）

二〇一四年七月十一日，杜俊元與楊美瑳前往高雄靜思堂，參與福慧紅包的製作。（右下／周幸弘攝）

二〇一四年八月九日，高雄氣爆讓許多民眾受驚，杜俊元帶領志工穿上雨衣，展開「安心關懷」家訪。（上／莊慧貞攝）

楊美瑳是高雄大愛幼兒園靜思茶道課資深教師。二〇二〇年春節前歲末感恩活動，小朋友端著茶湯走到貴賓面前奉茶。（左／林慧盈攝）

杜俊元與楊美瑳

回首一生的起伏與堅持，杜俊元和楊美瑳歡喜承擔責任，並實踐行善的承諾。（攝影／蕭耀華）

【推薦序】

慧業永存 德業不朽

慈濟基金會創辦人 釋證嚴

杜俊元榮董是一位品德高尚、氣度恢弘的人格者，同修楊美瑳更是一位智慧婦，賢伉儷牽手天涯，同行菩薩道，在慈濟世界譜出一段佳話。

杜榮董出身於盛產優質稻米的臺東池上鄉，家裏開設碾米廠，父母親原本指望他承襲家業；不過，他是天生的讀書種子，從小就有卓犖不群的抱負，渴望打開眼界走向全世界。

臺大電機系畢業後，遠渡重洋進入史丹佛大學電機研究所。赴美深造前，由雙方父母作主與還在中興大學就讀的楊美瑳締婚，一沈默內斂，一活潑大方，性情互補，真是一對璧人。

他是第一批留美歸國的半導體專業人才，先後為臺大電機系和交大電子工程系所延攬擔任客座教授，風靡學術圈，為許多年輕學子所景仰追隨；教書的同時，又在ＩＢＭ臺灣分公司擔任系統工程師。胸懷大志的他，不甘於雌伏只為他人作嫁的角色，一心期盼將自己戮力所學的成果留在臺灣，因此決定自行創業。

一九七一年，具足精準眼光和氣魄的他，於高雄楠梓加工區成立專作封裝的「華泰電子」，成為臺灣半導體產業的開路先鋒。復受政府徵召於新竹科學園區協助創辦「聯電」。一九八七年，繼之於新竹科學園區創立「矽統科技」，主要業務升級到前端的ＩＣ設計，事業版圖更上層樓。

「但開風氣不為師」，杜榮董每一段創業的經歷，都標誌著臺灣在半導體產業的重要里程碑。他的學識、他的企業已作到顯親揚名，成了臺東池上鄉親的驕傲。

在事業版圖及生活重心移到南部之後，為了緬懷父母教養的恩澤，同時回饋故里，賢伉儷決定將占地兩千多坪的池上祖厝，改建為開放式的中式庭園景觀——杜園，供四方遊客徘徊覽賞。

看似一切順利進行著，詎料無常奄忽而至，書中寫道：「一九八七年，杜榮董前往夏威夷參加臺大電機系的校友會時，因左胸絞痛送醫，才發現是冠狀動脈阻塞。幸運的是，靠著側枝血管維持心臟所需的營養與氧氣，他得以支撐回臺才進行心導管手術。」

大病之後，杜榮董思索著，事業風光又如何？「一旦無常萬事休」。不若「留得青山在」，奉獻社會不拘一途啊！隔年，同修楊美瑳加入慈濟，也讓他從拚事業，轉換跑道跨入永恆的志業。

借重杜榮董開展事業的經歷和格局，邀請他擔任兩屆醫療基金會的董事；雖非專業，但他著重在醫護人員的待遇、身心健康等層面；這些照顧若能得到滿足，就能盡心力照顧病患。

賢伉儷也時常回來花蓮慈濟醫院和大林慈濟醫院做志工，即便是來住院或者做健檢，只要身體狀況還可以，就換掉病人服，披上醫療志工背心，不論慰問病患或者送病歷，甚至看守大廳，無不歡喜配合，認真執行。身段之柔軟，醫護同仁和志工菩薩都讚譽有加。

一九九八年，慈濟成立大愛電視臺，杜榮董受師父請託，擔任大愛電視臺董事長迄今。借重他的學識和經營事業的經驗，可以給各部門主管一些指導和建議。

尤其高雄靜思堂土地的取得，更要感恩杜榮董的大布施、大成就。原先，每次南下高雄，證嚴只能輪流到委員家，再邀請會員前來見面交流。隨著慈濟會務的蓬勃發展，參加者眾，先由杜榮董等人出資購置九如二路大樓的兩個樓層，作為高雄分會的道場。但是隨著志業的快速推展，很快地又不敷使用了。

杜榮董看在眼裏，覺得必得另覓一塊更開濶的土地，重新規畫建設，作為高雄分會永遠的會所。不知他探勘過幾個地點，有一天，他開車載師父看了幾塊土地，最後踏上一條小路，來到愛河畔一處廢棄的合板木工廠。當時愛河汙染很嚴重，師父卻一看就很喜歡。他不免納悶，看過幾處開濶的土地，為何獨鍾這片飄著穢氣的地方呢？

心下就覺得與這片土地很有緣。他二話不說，獨資捐獻十五億鉅款買下整片土地。待下次行腳到高雄，於黃昏時分走入這處仍是廢棄木材廠的預定地，只覺眼睛為之一亮，好美好漂亮的環境。

如今，寬濶又莊嚴典雅的高雄靜思堂已經矗立於整治過的愛河畔，花木扶疏，景致優美，徜徉其間，不時與天光雲影共徘徊。而高雄慈濟人也終於有一座開濶的道場可以集會，向內凝聚共識，向外努力菩薩招生，希望高雄成為菩薩城。而這一切殊勝的因緣，都歸功於杜榮董伉儷發大心所成就的。

很感恩杜榮董伉儷矢志護持師父、護持慈濟，師徒的緣不只今生此世，還有未來際的生生世世；因為我們心中都有共同的使命，就是淨化人間，祥和社會。今值記錄賢伉儷一生奉獻臺灣這片土地的專書出版，樂為之序。

【推薦序】——慈濟慈善事業基金會執行長　顏博文

令人景仰的前輩

我是加入慈濟之後，才認識杜俊元師兄和楊美瑳師姊，每每聽到當年取得高雄靜思堂這塊精華市區土地的因緣，總不由得對兩位資深慈濟志工致上無限的敬佩和感恩。

二〇一六年，我受邀參加慈濟人文志業的永續發展委員會，開始和杜師兄有所接觸。二〇一七年接任慈善志業執行長，隨師因緣行腳到高雄，就有更多向杜師兄請益互動的機會。在我認識的許多慈濟人品典範裏，他們兩位是我心目中典範中的典範。

杜師兄和美瑳師姊話語不多，但是杜師兄一旦開口，字字珠璣又鏗鏘有力，既理性又兼具感性，邏輯性強又坦率扼要，是我學習的標竿對象。

近幾年，因為杜師兄需要靜養，幾次有機會探望，我們有更多面對面談話的時間。我深刻感受到他對慈濟志業未來的發展、人才培養和傳承有深厚的感情和期許，宛如兄長般，也給我個人一些寶貴的指教和肯定，我由衷地欣然信受，心中真是無限感恩和珍惜這分因緣。

我和杜師兄還有另一項特殊因緣，我們都是科技人，都是從事半導體事業。我在聯華電子服務了三十二年，二〇一二至二〇一七年間擔任執行長，之後即從聯電轉到慈濟慈善志業；而杜師兄是聯電第一任總經理（一九八〇至一九八二年），時隔三十年我才接了杜師兄的位子，可見杜師兄在臺灣最關鍵科技產業的先驅位階。

由於是同行又曾是同公司，工程學歷、科技背景和產業競爭環境所磨練出來的思維邏輯，大致上是很類似，所以我很能體會杜師兄當年創業面臨的各種挑戰（註：半導體產業一般被稱為爆肝的產業，投資大、風險高、國家策略級的競爭），更敬佩杜師兄除了捐地、捐股票，同時又能投入慈濟，對社區慈善和人文志業做出莫大的貢獻。

長年專注科技產業的我，卻在很晚的時間才轉入截然不同的慈善志業，又承擔重責大任的執行長一職，其實對慈濟和對我而言都有很大的風險。

接任之初，對慈濟五十年來的人、事、物、制等並不是很熟悉，證嚴上人、精舍師父、職志同仁、資深志工都是我的老師；而同樣是科技背景的杜師兄，更是我景仰學習的對象，尤其是如何能聽得懂無量慈悲的宗教實踐家上人的話，在法脈和宗門間發揮粽串精神的有效溝通，在我的觀察，杜師兄無疑是其中的佼佼者。

我非常高興這本書的出版，也很榮幸為這本書寫序，透過這本書對杜師兄和美瑳師姊「家業、事業、志業」的心路歷程紀實，很值得慈濟人、企業家、科技人等社會各界人士一讀，我相信本書可以帶給讀者本身莫大的啟發和砥礪。期待本書可為當今社會面臨意識衝突升高、貧富差距及數位落差加大等種種問題注入一股清流，產生激勵人心向善、促進社會祥和的正向影響力。

【推薦序】

謙和道侶慈濟行

慈濟醫療財團法人執行長　林俊龍

對杜俊元師兄的印象，要回溯到一九九五年，我剛從美國回到臺灣，擔任花蓮慈濟醫院副院長之後。

從新聞報導上，得知慈濟榮董也是大企業的董事長杜俊元師兄，捐了很大一片地給慈濟，就在高雄愛河旁，作為慈濟高雄分會使用。一九九九年，杜師兄與子女取得共識，遺產不留給下一代，並表明往生後要成為慈濟大學醫學院的大體老師。

而這一切的起點，只因為證嚴上人曾輕輕地對他說過：「事業要做，志業也要做。」杜師兄就將師父的這句叮囑，重重地聽了進去並身體力行，財布施、法布施、無畏布施，人生最後更將大體貢獻給醫學，讓我非常佩服。

一九九八年，大愛電視臺開播，杜師兄擔任董事長，我們常會見到面的地點是花蓮靜思精舍，總是在董事會及志策會碰到。

還記得我們曾經一起參加過慈濟在菲律賓的發放與義診。我家師姊慈聯曾說，她看到美瑳師姊默默地在義診等待區空地上清掃，一點董娘架子都沒有。一如證嚴上人讚歎杜師兄每天早起在自家附近掃街的謙遜一般，夫妻兩人雖都是大企業家的身分，卻如此低調而客氣，一點也不張揚，非常難得。

爾後，杜師兄因為心臟的問題，在臺北榮民總醫院手術之後，成為我的病人。二〇〇〇年嘉義大林慈濟醫院啟業，我擔任院長，在我的心臟內科門診診間，定期可以見到杜俊元師兄及楊美瑳師姊的身影，直到近幾年他們回到北部固定就診後才暫歇。

杜俊元師兄的個性非常仔細，夫妻二人在生活、飲食、行動各方面都會遵從醫囑去做，對醫師來說，他們是最受歡迎的標準「模範病人」。

還記得在二〇一〇年三月關山慈濟醫院十周年時，我曾帶領醫療志業各院院長室主管們一起到關山同賀，也順道舉辦兩天一夜的慈濟醫療志業主管合心共識營，感謝杜師兄慨然出借在臺東池上的老家「杜園」，讓各院區院長室主管齊聚一堂，集思廣益，擬定造福社會、永續發展的方向及策略作法。

我們也藉著那次機會，戴上安全帽，踏著自行車，感受稻香飄揚與大坡池復育後的自然樣貌。

欣聞人文志業中心為杜師兄夫妻出版專書《霜雪映初心》，文中提及美瑳師姊說：「做慈濟要捐時間、捐體力，在付出之中增長自己的慧命。」這對菩薩道侶投注心力做慈濟，從付出無所求當中獲得的人生智慧，亦應用在面對事業風暴來襲時，他們堅毅不撓，以誠信與智慧領導，帶領公司勇敢挺過風風雨雨，再順利交棒，保全了企業，也保全了全體員工們的生計。

杜師兄夫妻以在家弟子之身護持慈濟，以出家弟子之心推動志業，數十年始終如一，令人讚歎，衷心推薦這本好書，樂為之序，感恩。

【推薦序】

似清泉 似明月

慈濟教育志業執行長 王本榮

看完《霜雪映初心：杜俊元與楊美瑳》的文稿，不由得由衷佩服，肅然起敬。從後山小孩到考上第一學府臺灣大學，再到美國頂大史丹佛大學深造；從學霸、科學家到開創實業家以至大愛慈善家；不但是一個發奮圖強、勵志開道的故事，更是一個發心如初、守志奉道的典範。

證嚴上人期勉弟子「做（Do）就對了（Just do it）」，杜（Do）榮董伉儷更是「做對的事（Do the right thing）」，而且把「事情做對（Do the thing right）」，以布施、持戒、忍辱、精進、禪定與智慧的六度（杜）波羅蜜，廣結善緣，利濟眾生。

微軟（Microsoft）創辦人比爾蓋茲（Bill Gates）是舉世聞名的創業資本家，也是大愛慈善家。他曾說：「錢是最沒有個性的東西，到了誰的手中就會變成誰。」也就是到了善人的手中就會廣行慈善，到了惡人的手中就會造業作惡。

當杜榮董伉儷把高雄愛河邊一萬兩千多坪，市價超過十五億的土地慨捐給慈濟，成為濟世救人的道場，就如同給孤獨長者（Sudatta Anathapindika）將舍衛國的祇園精舍捐予佛陀。

其後二十五年，祇園不但是最早僧團戒律頒布之所，佛陀在此講授《金剛經》等三藏十二部經。同樣的，高雄靜思堂不但是上人弘法施教的道場，也是慈濟社會教育的重鎮，這座莊嚴宏偉的道場，成就無數利益人間的善行。

《無量義經集選》〈說法品〉歌詞中的「甚深無上大乘義，真大慈悲信不虛，以是因緣成菩提，安樂人文多利益」，是慈濟人文志業的行經寫照。

一九九八年成立的慈濟大愛電視臺，是臺灣第一個由民間非營利事業組織所成立的電視臺。長久以來，人們透過媒體，所看到的多是社會的黑暗面，證嚴上人認為「臺灣無以為寶，以善以愛為寶」，期許慈濟人文志業要「報真導正」、「報真導善」。

杜榮董受上人請託，承擔大愛電視臺董事長，帶領大愛臺成為人間清流、社會暖流。杜榮董的大承擔如同事業成功的維摩詰，以在家居士的身分，宣揚大乘佛法的真理。

杜榮董伉儷由人間愛侶到神雕俠侶以至菩薩道侶，攜手並肩，比翼齊飛，以「憶念勝」、「梵行勝」、「勤勇勝」，三事勝諸天大無畏的精神、大承擔的勇氣，為時代作見證，為慈濟寫歷史，為人間立典範。

無論在愛河邊廣行菩薩道的高雄靜思堂，讓世界亮起來人間清流、法音宣流的大愛電視臺，這對大愛無求、謙卑自牧的慈濟道侶，就如同自號摩詰的唐代「詩佛」王維詩作「明月松間照，清泉石上流」的明月清泉一般，在在闡明大愛不屬於理性，也不屬於感性，而是超越理性與感性的菩薩道。

【推薦序】

法親。長官。杜師兄

慈濟傳播人文志業基金會合心精進長　**姚仁祿**

二〇〇五年之後，每個星期總有一天，固定時間，家住高雄的杜俊元師兄，大愛電視臺的董事長，會走進關渡慈濟人文志業中心的五樓辦公室。

「搭計程車來的。」偶爾我問的時候，他會這麼回答。

那幾年，疎瘦的身影，輕實的步伐，肩頭、眉頭似有重擔，嚴肅與和藹並存的面容，在褐色玻璃圓桌坐下，聽我敘述過去一週，大愛電視臺經營的種種優缺重點。

杜師兄多數時間點頭，偶爾提問、回答或建議，總是邏輯清晰，語調堅定，絕不含糊，又能輕聲地論述。

會後，等車來接，簡短聊天時，無論公事、私事、天下事，杜師兄的語調，總是平順，似乎再麻煩的事，他都相信，解決只是時間問題。

我辭去大愛電視臺及其他職務的時候，到杜師兄高雄家，與他辦理移交，他不疾不徐依然，緩緩與我辦理文件的簽署。

我猜想，過去十來年，站在法親的立場，同是上人的弟子，杜師兄對我在那一年，雖辭去職務，並非離慈濟而去的心境，是理解的。

前幾年，我再度回到慈濟擔任志工，或在視訊會議，或在醫院見到杜師兄。杜師兄身型依然疎瘦，肩頭、眉頭依然似有重擔，嚴肅的面容依然和藹，只是朝夕、寒暑堆疊的歲月，加上病痛的考驗，讓他的步履不再輕實。

我聽見的，依然是清晰的邏輯，依然是堅定又輕聲的語調，無奈的，幾乎句句，杜師兄都需要勉力地克制著自己的喘息，我看了心疼。

杜師兄與美瑳師姊夫婦，一生奮力認真投入「家業」、「學業」、「實業」與「志業」的動人故事，書中記載詳實，讀者展讀，必有深深體會。

我在本文所寫的文字，雖然不成文章，卻是我從內心深處，希望表達對杜師兄無比敬佩的心境。

人間，不能沒有像杜師兄一樣的人，可惜，人間卻少有像杜師兄一樣的人，慈悲與智慧兼具，堅毅與圓融並存，真是世間少有。

元代趙孟頫〈修竹賦〉中所寫「虛其心，實其節，貫四時而不改柯易葉，則吾以是觀君子之德」，僅以此句，獻給杜師兄的超常風骨。

目錄

【推薦序】

慧業永存 德業不朽 釋證嚴 018
令人景仰的前輩 顏博文 024
謙和道侶慈濟行 林俊龍 028
似清泉 似明月 王本榮 032
法親。長官。杜師兄 姚仁祿 036

鄉下孩子 心懷大志 045
來自公務員家庭的另一半 063
臺灣半導體產業先鋒 087

後山生活 感念親恩——103
老天爺多給的每一天——127
重要時刻 貢獻力量——159
以誠信化解事業危機——187
承擔與傳承——207
細品人生這杯茶——245
不改初心——267

作者——何貞青

輔仁大學新聞傳播學系畢業，曾任《慈濟月刊》採訪記者，後回故鄉埔里從事社區重建、社區營造工作。歷任《新故鄉雜誌》採訪記者、《魅力新故鄉》主編、《蝴蝶風社區報》主編。近年投入推動生態城鎮、環境教育等社造工程，同時持續在報導文學的領域耕耘。

引言

晴空下，高雄靜思堂聳立在綠意盎然的河堤南路大道上，開闊的圓形廣場前，愛河的水靜靜流淌而過；恢弘大殿內的青銅萬佛像，慈悲地凝視著萬物眾生。

一大早，環保教育站的志工們就開始忙碌起來，將回收物細細分類打包；一樓日照中心的老人家，在輕快的樂音中，熱情有勁地做健康操；大愛幼兒園的孩子們，開心地在綠蔭園中自由奔跑……

自二〇〇六年啟用後，高雄靜思堂凝聚著大高雄地區所有慈濟人的心念與願力，在南臺灣這片土地上，持續深耕慈濟志業這方福田。

這個道場，向外界展示著慈濟的根源與理念，鏈接著在地社區網絡的發展與脈動，更接引無數的善因緣匯聚，共同肩負起佛教慈善組織的社會責任，讓證嚴法師開創的四大志業、八大法印一步步落實。

而一切的累積與成就，除了歸根於所有高雄慈濟人的無私奉獻，在最初的最初，也源於一對夫妻的發心大願。

杜俊元（委員編號三九〇一，法號濟暾）與楊美瑳（法號慈晉），在臺灣產業界有著慈善企業家的美名，在慈濟世界裏，更是諸多志工敬仰學習的典範。

這對攜手超過一甲子的夫妻，成長於二次世界大戰後的臺灣後山，見證臺灣半導體產業的拓荒時期，歷經商海起伏的大風大浪，在皈依證嚴法師後，得到心靈的依止，秉持志業與事業並行，以企業家的影響力及獨特的人格風範，在慈濟世界寫下一頁頁動人的篇章。

【飛天】

又名香音神，最早誕生於古印度，後與中國藝術融合，不分男女、職能，以香為食，每有佛會，便凌空飛舞，拋灑鮮花，供養諸佛，是象徵法喜充滿的天神。

花蓮靜思堂建築上共有三百六十二身飛天，由大陸敦煌研究院美術研究所副所長杜永衛所創作，參照敦煌壁畫及佛經內容，分為散花飛天、奏樂飛天、歌舞飛天、供養飛天、菩薩飛天、百戲童子、伎樂童子、化生手語童子八大類，其中也包含慈濟各種人物及世界各民族造型。

本書收錄慈濟人物飛天圖繪，有慈濟委員、慈誠隊員、醫師、慈青及小菩薩等。

普皆平等

小菩薩 飛天

我觀一切 普皆平等 無有彼此 愛憎之心……

《法華經》〈藥草喻品第五〉

第一章

鄉下孩子 心懷大志

一九三八年，杜俊元誕生於日治時期的花蓮港廳玉里郡富里庄（今花蓮縣富里鄉）。父親杜錦枝原為苗栗苑裡人，十七歲時與在苗栗通霄出生、十五歲的王圓結婚，兩年後的一九二〇年跟著家族從西部移居到花蓮富里。

杜錦枝早年以賣豬肉、孵小雞與小鴨為業，一九四五年才在與富里鄉相鄰的臺東縣池上鄉經營錦豐碾米廠。

杜俊元是家中獨子，童年都是在富里鄉度過，那時二次世界大戰還沒結束，他印象很深的是常常要躲空襲，還有在防空洞裏吃糙米飯。當時白米有管制，只能晚上把糙米混入番薯籤，用藤條塞進去空瓶裏，白天聽到空襲警報就拎著瓶子跑。後來，杜俊元一直不喜歡吃番薯，就是因為小時候的這段經歷，讓他吃怕了。

童年的老家在富里鄉中山路一帶，屬於市中心鬧區，他小學就近念富里國小，這是一九〇一年由日本人所創設、同時也是富里鄉創校最早的學校，學生人數最高峰時達一千三百多人。近年隨著少子化、產業及社會變遷等趨勢，學生人數逐年遞減，已降至百人以下，但百年老校深根葉茂，至今仍是富里鄉第一大校。

因為富里國小辦學良好，距離又近，父母當時雖然已經在池上經營碾米廠，但仍讓他讀到畢業，一九五〇年才舉家搬往池上。

轉眼，畢業七十多年了，杜俊元至今仍是富里國小引以為傲的榮譽校友。二〇二一年，富里國小慶祝一百二十年校慶時，學校對外的宣傳特別提及：「臺灣第一間自資半導體封測公司華泰電子創辦人杜俊元，就是富里國小畢業校友！」他儼然成為故鄉的傳奇人物。

童年的日子單純而鮮活，富里老家旁邊走幾步路就是土地公廟，他每天一大早就提著一小壺白開水，把廟前案上的杯子裝滿再去上學。那時也還沒有電視機、電燈，晚上點的是煤油燈，同學們都赤腳上下學，下課就一起跳繩、爬竹竿、打彈弓、玩彈珠。

杜俊元自小聰慧而早熟，由於父母忙著做生意，常常很晚才回家，他從小學二年級就開始幫忙煮飯了。也是在小二這一年，當時的導師鄭天却有一天在課堂上給大家講故事，結尾特別鼓勵他們：「做人一定要立大志，做大事。」老師講的故事內容，他已記不清了，唯獨這句話，像一顆閃耀的種子，在童稚的心中扎根，發芽，影響他往後的人生走向。

當時年紀小，還沒有辦法區分什麼是大事？什麼是小事？又該立什麼樣的志向？但心中油然而生的一股抱負，驅使著他不斷在學業上精進，期望透過求學求知的過程，去尋找自己的志向，見識更廣闊的未來。

那個時代升學並不容易，在一九六八年實施九年國民教育之前，國小畢業生如果想繼續念書，不論是初級中學、初級職業學校或是五年制職業學校，都要經過招生考試。杜俊元從小考試成績都是班上第一名，小學畢業那年，他分別報考玉里中學初中部、花蓮高工初級部電機科，成績也是名列第一。

「唯一例外的是去考花蓮中學初中部，那次學校沒有公布名次。」杜俊元表示，他就讀的富里國小屬於鄉下學區，歷來都是考乙班，而像花蓮市的明禮、明義、明廉、明恥等國小屬於市區學校，考的都是甲班；按照以往的慣例，榜首都

初中時代的杜俊元，即胸懷大志，想要離開家鄉，成就一番偉大的事業。

是在甲班，結果那年出乎眾人意料，第一名竟然落在乙班學生頭上！

「大家都很驚訝，哪裏跑來的臭小子？怎麼得了第一名呢？那個小子就是我啦！」杜俊元至今記憶深刻，不知是不是這匹黑馬讓甲班覺得沒面子，總之那一學期校方沒有公開發表成績，這也成了杜俊元難得不是第一名的經歷。

雖然成績如此優異，但杜俊元的求學之路，卻布滿荊棘，主因來自於家人的反對，尤其是母親。

從他初中畢業想北上考建國中學，母親就不准他去；經過不斷爭取，終於從建中一路念到臺大電機系畢業，想更上層樓出國留學時，又引發一場大型抗爭與拉鋸。

一般而言，家中獨子天賦優異，念書如此有出息，加上經濟寬裕，父母應該備感光榮，鼎力支持才是。杜俊元家卻剛好相反，這與他父母的性格與觀念、家中做生意的背景，以及他從未被擺到明面上的養子身分有關。

父母是碾米廠老闆

杜俊元的父親杜錦枝與母親王圓都很有生意頭腦，戰後的一九四五年，杜錦枝與友人梁火照合夥在池上經營「錦豐碾米廠」，開始從小商販轉為碾米廠大老闆。

雖然對外都宣稱碾米廠是杜錦枝與梁火照一起合購，但事實上，最初卻是王圓與梁火照的太太朱閩這兩位好朋友，從臺灣第一任官派的池上鄉鄉長曾貴春手上買下來的。買賣雙方約定先付一半的錢，另一半用分期付款的方式慢慢還。當時兩位太太因為不懂行情，買的價錢遠高於市價，後來得知買貴了，怕被人譏笑，有段時間，兩人出門都盡量走小路，不敢繞到大路去。

沒想到的是，後來局勢不穩定，一九四六年臺灣開始遭逢惡性通貨膨脹，整個民生物資短缺、物價飆漲。通膨的情況嚴重到一斗米要價舊臺幣二十四萬五千元，一斤肉要七萬五千元，連一顆雞蛋也要七千兩百元，「扛著一扁擔的錢去買一碗麵！」是真正發生的事。

物價一日數變，到麵攤吃麵如果沒有先付錢，點的時候一碗十二萬元，結帳可能就變成二十萬元了。人們一拿到錢就趕緊交易花掉，因為誰也不知道物價何時又要上漲；民間甚至回到以物易物的方式，許多人直接將家裏養的雞、鴨拿去市場換米糧、日用品。

直到一九四九年六月，國民政府從大陸撤退來臺，開始整頓財經政策，正式發行新臺幣，當時規定四萬元舊臺幣只能換一元新臺幣，造成舊臺幣形同廢紙，許多人的財富大量縮水，這段慘痛經歷讓老一輩人餘悸猶存。

當初購買錦豐碾米廠後面的未付款項，到此時也只值大概兩包米的價格，原本以為買貴吃了虧，最後幾乎等於是白送給杜家與梁家。「天下事真的很難講，很多因緣就是這樣。」杜俊元提及往事，也不由得感嘆。

池上鄉位於花東縱谷中部偏南，境內是新武呂溪沖積而成的肥沃平原，西有中央山脈，東有海岸山脈，加上屬於熱帶季風氣候，雨量充沛，非常適合稻米的生產。

這裏一直都是臺灣東部著名的穀倉，日治時期的池上米是進貢給日本天皇的貢品之一，至今池上米與池上便當仍然是聞名全臺灣的品牌。

在這裏經營碾米廠，可說是天時地利的好生意。最初錦豐碾米廠是由兩家共同經營，幾年後決定分開，透過抽籤的方式，梁火照另外在當時的市中心、現今的中山路上成立建興碾米廠，目前已傳承到第三代。

錦豐碾米廠則由杜家繼續經營至一九七八年才結束，歷經三十二年的風光歲月，杜家也成為地方上數一數二的大戶。

未點破的養子身分

杜錦枝的個性開明且隨和，王圓則是精明能幹又強勢，兩人個性差異很大，情感並非十分融洽。杜俊元記憶中父母時常發生口角爭執，但只要客人一上門，母親轉身立刻就能擺出笑臉做生意。

母親是童養媳，沒念過書不識字，但頭腦清楚、個性剛烈，雖然疼愛他，卻不會表現在言辭上，對他的管教也非常嚴格，從小不許他去溪裏游泳、不許他晚上出門，只要一違反規定，她就大發雷霆。

小學一、二年級時，有一次母親丟了錢，誤以為是他拿的，他生氣地否認，但母親不信，忍不住動手打了他。遭受不白之冤的他，既委屈又憤怒，激動到全身抽筋，嚇得母親抱著他一路奔跑，去找一位日本醫師急診，才有驚無險，「從此以後，母親就沒有打過我。」

家中只有他一個孩子，從小父母把他當成命根子，小時候皮膚不好，母親都會特地煮茶葉水給他洗澡。然而，「我很早就知道我不是他們親生的孩子，而是抱來的養子。」杜俊元淡淡地說。

念小學時，他就聽過村子裏的人私下流傳，說他是杜家抱養來的，但他從來沒有向父母查證過，因為父母非常忌諱人家提這件事，尤其母親一提就激動翻臉。

小時候，他一度對自己的出身有過好奇，但父母視如己出般照顧，懂事的他，也漸漸不去在意這些傳言了。

到了父親晚年，他知道如果開口詢問，父親一定會告訴他實情，但想到剛強的母親一生不願碰觸這個話題，他最終選擇不問，「這件事情不需要再說破，就讓他們帶著美好的回憶過去吧。」

或許源於這小小的祕密與不安，成長過程，他始終背負著隱隱的危機感，督促著自己要更加上進，不能只想著倚仗家傳祖產，而是要靠自己做出一番事業。但一個沒有背景的鄉下孩子，要想出人頭地，唯一的途徑就是透過讀書升學來改變命運，這也是他積極努力的方向。

花蓮中學初中部畢業後，杜俊元清楚後山的升學資源與學習環境，遠遠比不上西部的學校，很早就打算跟幾個有抱負的同學，去考臺北頂尖的建國中學，但遭到母親的大力反對。

「念什麼書？愈念頭腦只會愈硬，沒有用啦！你乖乖回來給我當碾米廠的老闆就好！」母親的掌控欲很強，並不希望他繼續升學，一來覺得家中的生意需要傳承，二來怕他愈走愈遠，管不住了。

強勢的母親不准就是不准，一心想念書的杜俊元也不肯放棄，他甚至絕食不吃飯，最後還是父親看不過去，跟母親說：「孩子大了有自己的想法，你就讓他去吧！」母親這才讓步。

但考高中的過程，也是一波三折。那年，他和五個同學一起北上，前一晚先借住在一位同學位於臺北博愛路的住處，報名所需的畢業證書則由杜俊元統一保管。沒想到第二天去到現場，才發現畢業證書不見了！翻遍所有行囊都找不到，報名手續無法完成，後面根本連考也不用考，一夥人只好灰撲撲地打道回花蓮。

原本意氣風發去赴考，後來靜悄悄回來，有些不明就裡的人嘲笑他們幾個是「落跑的」、「臺北考不上才回來」，讓他們覺得好丟臉。後來終於弄清楚，原來畢業證書是出門下樓時，遺落在同學家的隔壁了。

由於杜俊元是以第一名成績初中畢業，可以直接保送花蓮中學高中部，其他四位同學則還是得經過花中的入學考試才能就讀。因為這一番變故，大家更拚命苦讀，第二年終於得以順利參加插班考試，連杜俊元在內有三人考上建國中學，一人考到板橋中學，之後大家也都繼續升學之路，總算不負早前的波折與後來的堅持。

「那時候為了能念書，真的吃了很多苦。」杜俊元至今回憶起來，還是覺得每一步都不容易，「現在的孩子念書機會多了很多，父母還會親自接送，安排補習，衣食住行都照顧得好好的，但感覺就沒像過去那麼珍惜，奮發向上的動力，好像也沒那麼強了。」他有點憂心。

為出國留學而結婚

建國中學畢業後，杜俊元以優異的成績繼續念臺灣大學，選擇科系時，一向反對他念書的母親照樣不支持，倒是父親問了他幾句：「臺大哪一個科系最輕鬆？」他回答不清楚，父親叫他好好去打聽一下，「哪個科系最輕鬆，你就去念哪個」、「大學只要順利畢業就好了，用不著那麼辛苦拚命啦」。

父親雖然開明，讓他想做什麼就做什麼，卻也不是非常看重他學業上的成就，反正家裏有現成的米鋪生意，未來接手做老闆，念什麼都一樣，學歷不過是可有可無的錦上添花。

但杜俊元心中卻不是這麼想，小時候立志做大事的念頭一直都在，隨著書念得愈來愈多，眼界也愈來愈開闊，他很清楚如果日後要做一番事業，必須一步步努力扎根。

他的個性踏實，從不相信不勞而獲，而透過努力所得到的知識與專業，將會是他日後重要的資源；何況比起接手家裏的生意，留在後山的一隅，他更喜歡念書帶來的成就感，以及隨之能接觸到的更廣大的世界。

後來他選擇念臺大電機系。原先還曾想過要念物理，因為剛好在一九五七年，李政道、楊振寧兩位科學家以「宇稱不守恆理論」獲得諾貝爾物理學獎，成為最早獲得這項世界榮耀的華人。

當時李政道才三十一歲、楊振寧三十五歲，他們不只在科學界掀起旋風，也成為全臺灣學理工的年輕人心中的偶像。杜俊元一度受到激勵，但後來考量自己並不適合從事科學研究工作，最後還是務實地走上電機的領域。

一九五〇年代末期，臺灣在美國的經濟援助下，政經發展趨於穩定，與美國的關係也變得更加緊密。

接著，各項建設開始疾速發展，對於高等教育的專業人才需求大增，而隨著經濟起飛，家庭年收入逐步提高，愈來愈多人有能力提供孩子出國留學的資金，在一九六〇到一九七〇年代中期，形成一股臺灣留學生赴美的風潮，社會上甚至流行起「來來來，來臺大！去去去，去美國！」的順口溜。

那時，出國留學成為一條翻轉個人生涯、提升社會地位的新途徑，很多優秀人才學成後，繼續留在美國就業，後來申請移民定居，不再回臺灣。

臺大電機系畢業後，杜俊元自然想更上一層樓，他積極準備出國留學，並計畫申請世界頂尖的美國史丹佛大學電機研究所。但這一次，母親再也不肯讓步，深怕他跟那些留學生一樣，一出去就不回來了。

僵持到最後，母親提出一個條件：「要出國可以，你給我先結婚！」依母親的想法，至少結了婚，把媳婦留在臺灣，兒子有了牽絆，就不怕他不回來。

杜俊元不得已只好答應，母親開始到處為他尋找結婚對象，幫他安排相親，媳婦人選甚至都找到屏東去了。她理想中的媳婦，最好是個性溫和又聽話，學歷不要太高，身體要強健好生養……總之就是溫馴、易拿捏的傳統女子，這樣她當起婆婆來才好掌控。

杜俊元雖然答應結婚，對伴侶的選擇卻不願意將就，在他力爭之下，最後找到杜家的舊識，曾任花蓮糧食事務所所長楊軒的三女兒，就讀中興大學會計系的楊美瑳。

如蓮華在水

小菩薩 飛天

善學菩薩道 不染世間法 如蓮華在水 從地而湧出……

《法華經》〈從地涌出品第十五〉

第二章 來自公務員家庭的另一半

一九四〇年次的楊美瑳，成長於一個單純的公務員家庭，家裏六個小孩中排行老四，她笑稱自己：「不是最受重視的老大，也不是最受寵愛的老么，剛好排在中間，可以自由發展。」也因此她自小個性就獨立，而且極有主見，骨子裏還有一股正義感。

楊美瑳的父親楊軒，日治時期曾遠赴日本東京念大學，主修法律，是那時代臺灣優秀的知識分子。二次大戰後任職於糧食局，因為工作性質常需要輪值轉調，待過的地方有嘉義、臺南、花蓮、臺北，一大家子就跟著他四處遷徙、轉學，一直到楊美瑳上初中，才在臺北安定下來。

楊軒與杜俊元的父母相識，是在轉調花蓮期間，身為花蓮糧食事務所所長的他，需要去各地視察，與糧商打交道。幾次因業務去到錦豐碾米廠，對杜錦枝那位安靜、很會讀書的獨子，留下深刻印象。

而楊軒溫文儒雅的知識分子風範，也吸引著喜愛念書的杜俊元。後來楊軒調職回臺北，住在新生南路的宿舍，杜俊元在高二那年插班考到建國中學，前往臺北尋找適合的租屋時，還曾在楊家借住過一段時間。

早熟而老成的杜俊元，從小就不熱衷與同年紀的孩子玩鬧，反而喜歡跟長輩相處，雖然與楊美瑳的哥哥楊博正是花蓮中學的同學，但他最愛找而且聊得最融洽的卻是楊軒。因為留學日本的楊軒見多識廣，總能給他超乎同齡人的見解與視野，一老一少什麼都能聊。更巧合的是，楊軒同樣是養子出身，與杜俊元的生日又是同一天，兩個人連內斂的性格也相似，不知是否因為如此，杜俊元對他有著一種特別的孺慕之情。

那時候，楊美瑳跟杜俊元一點都不熟，連話也沒有說過幾句，印象中只記得有這樣一個年輕人，每次學校放假要從臺北回臺東之前，總會特地來家裏向父親告辭，在一干後輩子姪中，顯得特別有規矩與禮貌。

她後來開玩笑說，杜俊元大概是先相中岳父，覺得這樣的父親，女兒應該也會不錯，所以才來提親的。

楊美瑳的母親有一個大氣的名字，叫李大風，她猜測大概是母親出生時，剛好刮大風，才有這樣應景的名字。名字雖然陽剛，母親卻是嬌柔的千金小姐，外祖母家在雲林西螺是大戶人家，母親身為小女兒，上面有八個姊姊、下面有兩個弟弟，家中還有幫傭及養女，從小就備受寵愛。

母親結婚後，夫婿溫和體貼，孩子也乖巧懂事。受日式教育的父親，很重視家庭教養與規矩，從小要求六個孩子必須分攤家務，所以母親平日也不太動手做家事，可謂是十分幸福的女子。

「母親樣貌非常明麗大方，或許是一直被父母兄姊嬌寵著長大，行為舉止處處流露著一種優雅的氣度。」楊美瑳回憶起母親，心中充滿懷念與傾慕，有次靜思茶道指導法師德仉師父造訪她家，見到母親年輕時的照片，也大為驚訝地說：「哦，好美！」

有主見又仗義執言

父親與母親結婚後，兩人一起赴日留學，楊美瑳的大姊與二姊都是在日本出生，大姊的名字叫楊芙美，二姊叫楊芙瑳，排行老三的哥哥叫楊博正，「到了我的時候，

一九六三年，楊美瑳於臺東池上婆家。

爸爸大概是懶得想名字了，直接從大姊跟二姊的名字中各取一個字，合起來就叫美瑳。」

她原本還笑著抱怨父親：「哪有人給孩子取名字時，省功夫省到這種程度的啦！」後來一查字典，知道「瑳」有三個意思：一是指白色鮮明的美玉，二是指欣欣向榮的樣子，三則是巧笑的樣子。

「我就很開心啦，例如鮮明的白玉，不就像上人說的清淨心嘛！」她又從小愛笑，念書時每次跟人抱怨說自己考試沒考好，大家都不相信，因為她說話的時候都笑嘻嘻的，一點看不出來在難過。

「這大概就是巧笑的樣子了。」楊美瑳覺得自己人生的路，彷彿跟著名字在走，「我想我這輩子，如果可以把名字的內涵都展現出來，就很夠了。」

她的兩個妹妹名字分別為登美、繡帆，家中共有五個姊妹、一個兄弟，對公務人員家庭來說，負擔其實有點大，但是父母卻給他們非常溫暖幸福的成長環境。

小時候，有段時間住在雲林鄉下的外婆家，她和妹妹們整天追著鵝跑、抓金龜子玩，無憂無慮像個鄉間野丫頭。後來隨著父親調職，去臺南念小學一年級，有次班級活動要上臺表演跳舞，母親親手幫她做了一件白色小洋裝，裙子下面一褶一褶很精緻，裙面還繡上花朵，非常可愛，她至今深深記得。

「我們家裏沒有很多錢，但父親休假常常帶全家出去玩，下班回來所有小孩會圍在他身邊談天說地，兄弟姊妹有時吵吵鬧鬧，但感情都很好。」

小學二年級時，父親調職到花蓮，她跟著轉學到花蓮市的明義國小。個性活潑、無拘無束的她，放學後常常沿著明義國小旁的大溝圳邊走邊玩，不時下到河裏去撈蚌殼；或者跑到戲院，偷偷看免費的歌子戲。

楊美瑳從小就很有自己的想法，大人叫她做什麼，她不是乖乖照辦的那種，而是先問為什麼要做？覺得合理了才會遵循。像小學六年級要準備考初中前，老師要求大家放假時參加補習，她就覺得為什麼要補？沒必要呀！所以常常偷溜，甚至爬上果樹玩耍，有一次被老師抓到，痛罵了她一頓。

看似有點叛逆，但她又有仗義執言、愛護弱小的一面，「我小時候的志願是當護士，因為可以照顧別人。」雖然護士沒當成，但這種愛照顧人的特質，後來展現在對先生及小孩的關照上，杜俊元幾次生病，都是她親自照料，不假他人之手。她也樂於到慈濟醫院當志工，撫慰病人及家屬的情緒。

小時候，哥哥仗著年紀大，常常使喚最小的兩個妹妹做這個、做那個，她看不過去就會站出來打抱不平，「明明就是自己的事，你為什麼不自己做！」一點都不怕威權、只論道理。

這種有話直說、俐落果決的特質，自小顯露無遺，「二姊常笑我，說我從小到大都不吃眼前虧，覺得有問題就會據理力爭。」楊美瑳笑著坦承。

父親為人作保受牽連

明義國小畢業後，楊美瑳順利考上花蓮女中初中部，才念完一年，父親再次調職到臺北，所有孩子都習慣了，照例準備插班的插班、轉學的轉學，她也插班考進了臺北二女中（今臺北市立中山女子高級中學）就讀。

她也曾想過要報考北一女中，畢竟名聲很響亮，依她的成績也絕對沒問題，但父親說：「二女中就在我們家附近，走路就可以到，幹嘛跑那麼遠去考一女中？」她想了想也有道理。

父母對他們求學一向抱著支持的態度，從不強求成績，也沒有名校的迷思，可說是非常開明。

後來考大學，也是因為離家近的關係，她選擇就讀位在臺北市合江街的中興大學法商學院，念的是熱門的會計系，想說無論大公司、小公司都需要會計人才，畢業之後找工作比較沒問題。中興大學的臺北校區不大，她每天從家裏走路上下學，生活單純而充滿希望，下課肚子餓了，和同學去吃一碗陽春麵，就很開心。

但不久之後，生命來了一個大轉折。父親楊軒平日就對醫療相關領域很感興趣，從糧食局退休後，在自家樓下開了一間西藥房，經濟算不上很富裕，但能自足養家，並供孩子們求學。

父親人緣好，西藥房總是很多朋友來來去去找他聊天，當時在臺北念書的杜俊元就是常客之一。

她念大一那年，父親留日時期的同學特意登門拜訪，表明要向銀行借錢創業，需要有人作保。重感情的父親答應了，誰知對方後來創業失敗，直接落跑，留下一堆債務給父親，真是應了「人呆為保」這句俗諺。

受到牽連的楊家，就此家道中落。好幾個孩子都還在上學，要註冊時，父親為教育費、生活費四處張羅借貸，壓力非常大。她看著父親每個月沈重地從抽屜將錢點好，包一包交代她上學時順道去銀行繳利息，就心疼不已，懂事的她想著：「我大概不能繼續念書了，是不是該找個工作，幫忙家計呢？」

六姨也跟她說：「美瑳啊，你乾脆去當金馬小姐好了，書不要念了，賺錢貼補家用較實在。」

當時臺灣公路長途客運最舒適、最有名的就是金馬號，隨車的女性服務員被稱為金馬小姐，負責行車照料及旅客服務；臺灣運輸界當年還有一句順口溜：「天上飛的是中華，地上跑的是金馬」，分別指華航與金馬號，金馬小姐社會地位也等同於空姐，薪水更是當時教師的兩倍，是很多女性嚮往的工作。

就在這最低谷時，楊軒以前的部屬、時任臺東糧食事務所的王科長，受杜錦枝之託，來為獨子杜俊元向楊家三女兒楊美瑳提親了。

三個聖筊 訂下親事

「結婚？我還在念書呢，結什麼婚啊！」媒人上門提親了，楊美瑳還一頭霧水，一聽到是杜俊元，更覺得納悶，之前對這位哥哥的同窗只有淺淺的印象，她還偷偷跑去問哥哥意見，沒想到哥哥跟她說：「你不要嫁給他，他是個怪人！」

怎麼怪呢？當學生的沒有一個喜歡考試，「老師問大家要不要考試，全班都說不要，只有他一個人贊成要考！」哥哥是活潑愛玩的個性，平時跟杜俊元安靜愛念書的玩不到一掛，同儕之間還有點兒互別苗頭的意味。

可是對長輩而言，杜俊元卻是非常好的女婿人選，父母都跟她說：「這個孩子好，既懂事又孝順，可以嫁！」

「可是，我還想念書……」楊美瑳提出心中的想望，杜家也答應結完婚後，負責她所有上學開銷，讓她順利念完大學。一方面解決了她讀書的困境，一方面也信任杜俊元的人品，楊美瑳點頭答應了這樁親事。

楊美瑳從中興大學會計系畢業後，於一九六四年赴美與夫婿杜俊元團聚。

後來她才知道，杜俊元為了求娶她，也扛住來自婆婆的莫大壓力。當杜俊元一提出想娶的對象是她，婆婆王圓根本不同意，她要的是聽話的媳婦，不是什麼念到大學的臺北女孩子，即使兩家認識多年、彼此知根知底，她就是不滿意。僵持許久後，她索性告訴兒子：「好，你如果執意要娶，那就去關聖帝君前擲筊，如果一連擲出三個聖筊，我就答應你！」王圓非常信仰關聖帝君，富里鄉義聖宮是她常去的寺廟。

杜俊元二話不說來到義聖宮前跪下擲筊，或許是精誠所至，或許是冥冥中已注定，他一連擲出三個聖筊，這門親事終於底定。

「幸好他擲出聖筊了，不然他還得繼續去找結婚人選呢！」楊美瑳後來才知道這件事，對婆婆不中意自己感到有些挫折，對杜俊元則是帶點心疼又有點替他慶幸。

問杜俊元當時為什麼會找她結婚？他總是簡單回答，因為楊家的五個姊妹當中，楊美瑳小他兩歲，年紀跟他最相當，之前常去楊家拜訪時，就對她留下不錯的印象。

「他其實滿無聊的，話不多，也不浪漫，我們約會時都只是散散步，去的都還是相同的地方。」楊美瑳笑著抱怨。

兩家確定婚事後，先讓他們訂婚，那時杜俊元還在宜蘭服兵役，當的是預備軍官，週末都可以放假，回臺北就會去找她，也是這段時間，兩人才真正交往，進一步認識彼此。

楊美瑳雖然覺得杜俊元的寡言內斂，與她活潑的個性差異很大，但想到他身為養子，從小一個人孤孤單單地長大，心中背負許多壓力，一直專心念書也沒什麼朋友可以傾訴，不像她們家子女眾多、熱熱鬧鬧，對於他的沈靜，也就可以體諒了。

「雖然不浪漫，但他的個性真的就是誠正信實，從不會說話不算話，只要承諾了就一定做到，讓人感到很踏實，是可以信任的人。」楊美瑳說出他們夫妻個性如此不同，卻能一起走過六十多年，經歷人生起起落落、到老依然相守，根本原因在於這分對伴侶的信任與感佩。

前往後山 代夫盡孝

訂婚七個月後，杜俊元與楊美瑳在一九六一年十二月二十日結婚。當天在池上錦豐碾米廠的大晒穀場上辦桌，席開一百多桌，為了這個大日子所養的豬，肥到都走不動了，真可說是盛況空前。但婚後不到一百天，杜俊元就出國念書了。

楊美瑳因為要繼續大學學業，平日住在臺北，但寒暑假都要回臺東池上，替杜俊元在公婆前盡孝。她是班上第一個結婚的，當同學們都還是青春飛揚、懷抱無限夢想，她就成了人家的媳婦，再也不能像未出嫁前那麼恣意張揚，「每次坐火車回臺東，聽到車上廣播『池上到了，池上到了。』我就想，如果可以不到多好！」

一個念大三的年輕女孩子，獨自從前山來到後山，先生遠在海洋那一端，偌大的家裏只有她和公婆三個人，還有一臺老舊的收音機，心情煩悶時也只能在屋前的竹林裏走一走、散散心，和從前在娘家充滿姊妹們的打鬧歡笑聲相比，真是太安靜、太孤單了。

曾經還有親戚跟她說：「你媽媽好殘忍，把你嫁到那麼遠去。」他們家五個姊妹，只有她嫁到後山，但她年紀雖輕，卻覺得是自己選擇的，那就沒什麼好抱怨。她還是乖乖回到婆家盡媳婦的本分，有時受了委屈，也不敢回娘家講，怕增加父母的煩惱。

像碾米店有請會計小姐，當她在幫忙家務時，看著會計小姐和長工們聊天，心中不免覺得怪怪的，「我不是老闆的媳婦嗎？怎麼都是我在忙，他們都閒閒的？」但公婆沒有發話，即使覺得委屈，還是聽話地去做。

還有一次，在美國的杜俊元乘暑假去打工，賺了一點點錢，大概是想到妻子的辛苦，便寄了五十美元給她，這原本是夫妻間無傷大雅的情分，婆婆知道了卻大發雷霆：「我兒子在美國那麼辛苦，你還跟他要錢，真是太不懂事了！」

楊美瑳被罵得很慘，怎麼解釋都沒有用，最後還是只能忍下去。後來，她告誡杜俊元，沒事別寄錢回來了，害得她被罵。

談到她的公公、婆婆，也是個性差異非常大，但在做生意方面卻意外地互補。公公杜錦枝隨和不愛計較，遇到生活較艱苦的人家，常常心軟地讓人賒帳；但在商言商，做生意不能總是這樣，該收的帳還是得收，所以精明厲害的婆婆王圓，就成為負責催款收帳的人，俗語說：「放帳容易，收帳難。」他們夫妻的性格，從分工上就看得一清二楚。

楊美瑳大學畢業後，想去美國和杜俊元團聚。婆婆起初不讓她去，認為留她在臺灣，兒子才會回來。

開明的公公覺得，夫妻長期分隔兩地不是辦法，加上他在外面走動應酬時，不時有人問：「怎麼把媳婦留在家裏不讓人團聚？」「你們這樣怎麼會有孫子可以抱？」於是，公公就想辦法，知道婆婆愛拜拜，特意去廟裏抽了一支上上籤回來，婆婆一看連籤詩都說該讓媳婦出去，才答應放人。

大學畢業 赴美相聚

一九六四年，楊美瑳抵達美國與杜俊元相聚，展開一段單純而幸福的留學生生活。

當時美國史丹佛大學是排名世界第一的學府，能進去的都是來自全球的頂尖人才，杜俊元拜在一九五六年諾貝爾物理學獎得主蕭克萊（William B. Shockley）教授門下，同研究室的學長包括後來在臺灣科技業占重要角色的施敏及張忠謀等人。

在人才濟濟、競爭激烈的史丹佛念書，杜俊元從來沒有在晚上十二點以前睡覺，尤其去的第一年沒有獎學金，不論生活還是學業都非常辛苦，到了第二年有助教獎學金，才稍微好一點。

他是碩博連讀，一九六二年入學，一九六七年就拿到電機工程學博士。楊美瑳和他相聚後，就住在史丹佛大學的宿舍，他一邊研究一邊領有助理的費用，可以簡單撐起自己的小家。

他們第一個兒子杜紹堯在一九六五年六月出生，老二杜紹民則在一九六七年四月出生。史丹佛的校園很大，楊美瑳平日在宿舍打理三餐、照顧小孩，假日就跟先生一起去

一九六五年，在美國史丹福大學宿舍，杜俊元手抱長子杜紹堯。

大賣場採買生活所需，周遭都是和他們一樣的博士留學生家庭，人情往來非常單純，生活雖然刻苦，卻覺得既平凡又滿足。

有趣的是，杜俊元個性認真，一門心思在念書，不愛休閒娛樂，許多留學生閒暇愛打麻將或駕車出遊，約他一起去玩，他都沒興趣，性格太過老成，後來大家乾脆都叫他「老杜」，即使他年紀比大家都還小呢。

杜俊元畢業之後，順利獲得紐約ＩＢＭ公司的聘任，進入華生半導體研究中心，一九六七年三月二十日舉家飛到紐約。

他們起先借住在朋友家，後來找到了一間適合的公寓，也買好了家具，生活逐漸穩定，正要大展長才時，卻接到老家傳來的訊息——父親杜錦枝生病了，要他們趕快回去。

「接到消息，我知道必須回去，雖然很清楚這次回去就出不來了，但身為獨子，我有該負的責任。」杜俊元說。

即使非常渴望能留在世界頂尖的領域繼續奮鬥，但親情與養恩終究是心中最大的牽掛，他賣掉紐約的車子和所有家具，帶著妻子與分別為三歲、一歲的兒子，在一九六八年回到久違的臺灣。

離苦得樂　醫師 飛天

猶如大雲 充潤一切 枯槁眾生 皆
令離苦 得安隱樂……
《法華經》〈藥草喻品第五〉

第三章
臺灣半導體產業先鋒

回臺之後，看到杜錦枝病得很厲害，杜俊元憂心忡忡，深愧過去幾年無法陪伴父母身旁，他跪在家門前的晒穀場，祈求上天，願折壽讓父親恢復健康。

或許看到兒子一家終於回來了，還帶著從未謀面但心心念念的兩個孫子，杜錦枝的病情漸漸穩定下來，杜俊元緊繃的心才鬆下，開始思考接下來的生活與工作。他知道不可能再回美國，臺東也沒什麼工作機會，於是想到先去學校任教，至少可以運用所學。

第一家自資半導體公司

那時，臺灣半導體產業的發展還是一片空白，他屬於第一批留美歸國的專業人才。當時臺灣大學的校長是錢思亮先生，他的太太張婉度女士剛好是杜俊元在ＩＢＭ一位同事的親戚，透過這層關係，杜俊元前往拜訪錢思亮校長。

在半導體領域求才若渴的情況下，杜俊元很快受邀擔任臺大電機系的客座副教授，後來交通大學也邀請他擔任電子工程學系客座教授，教書的同時，他也於一九六九年六月起在ＩＢＭ臺灣分公司擔任系統工程師。

初執教鞭的杜俊元，很快風靡了學術圈，這位從世界頂尖的史丹佛大學歸國、又年輕又有才學的博士，讓許多學子景仰不已。

兩、三年之後，胸懷大志的杜俊元又開始思索創業的可能，這源於他的個性從不是故步自封，而是會把握機會往前衝；再者，在外商公司任職的經歷，讓他覺得即使再有成就，始終是為人作嫁，既然他有專業背景，就希望能有自主掌控權，也將耕耘的成果留在臺灣。

然而，這時不只是母親反對，連妻子也不贊同。楊美瑳來自公務人員家庭，每天看爸爸固定上、下班，假日陪孩子與太太，過得平凡又安定，「這才是我想要的生活，我想守著自己的家，等先生下班，等孩子放學，照顧好每一個家人，安安穩穩過日子。」

楊美瑳對杜俊元計畫創業的想法，不解又憂心：「創業會有風險，可能賺錢也可能賠錢，你好好當個教授不行嗎？」但杜俊元想做一番事業的心念很堅定，「人生重大的事情沒有幾件，我不想錯過機會。」

那時，臺灣半導體產業才剛剛起步，工廠也沒幾家，整個半導體產業鏈的前端，包括上游的ＩＣ（Integrated Circuit 的簡稱，中文稱為積體電路）設計、中游的晶圓製造，臺灣都還沒有能力開始，唯一可行的只有最末端的封裝加工，所以他決定從半導體封裝測試做起。

一九七一年六月，杜俊元創立的華泰電子，是臺灣第一家自資半導體公司，廠區設在高雄楠梓加工區，他出任首任總經理，成為臺灣半導體產業的開路先鋒。

「一個沒什麼背景的讀書人，要創業真的不容易。一切從零開始，設立廠房、購買設備、找人才、推展生意……全部都是他一肩扛起。」楊美瑳初期雖然反對，但見到杜俊元的辛苦與堅持，還是默默站到背後支持。她也幫忙撰寫青年創業計畫書，試著申請政府相關補助。

那個時代的年輕人敢拚敢衝，雖然沒錢沒背景，但憑著一股勇氣就大步向前。「創業的困難天天有，薪水發不出來，人才找不到，真的是要錢沒錢、要人沒人，每一步都是不可能的任務。」杜俊元回憶。

但他心念堅定，「我本來就立志要做大事，有什麼苦吃不下去？天塌下來，只要能活就得撐起來！」有時候真的撐到極限，周轉不開了，夫妻倆就從高雄開車回臺東，跟父親調一下頭寸（借調款項），再回來繼續奮鬥。

有人問他，如果創業失敗怎麼辦？「那就再回學校教書，或者再去外商公司做事，了不起走回頭路而已。」

他不怕一無所有，也不擔心生計問題，倒是有考慮一下面子問題，如果沒做出一番成果，有點枉費自己讀書讀得這麼多。但無論如何，他想最多的還是如何去拚：「拚了不一定成，但不拚根本不可能！」他有著強大的企圖心與堅定的毅力。

從科技荒漠到獨占鰲頭

臺灣半導體產業的發展，最早可溯源到高雄加工出口區（二〇二一年更名為高雄前鎮科技產業園區）的成立。

一九六〇年代，臺灣正值農業轉型為工業的階段，卻因美國停止對臺灣的援助，面臨資金短缺的問題，加上農村人口快速成長，勢必得提升產業生產技術，以因應經濟困境。

在當時的經濟部李國鼎部長推動下，政府決定優先發展勞力密集的出口導向產業以及輕工業，一九六六年十二月三日於高雄市前鎮區西北部成立高雄加工出口區，這是臺灣首創、也是全球第一個加工出口區。

高雄加工出口區兼具自由貿易區、工業區與免稅區的機能，並率先推動單一窗口、租稅優惠、便捷通關及土地只租不售等經貿制度，每項都是當時獨步全球的作法，成功達到設立的四大目標——擴展對外貿易、吸引工業投資、引進最新技術、增加就業機會。

加工出口區的設置，奠定了臺灣加工業的發展基礎，賺取的大量外匯，也為臺灣經濟起飛扎下根基。

由於發展迅速，園區成立兩年後就達到飽和狀態，就業人數激增，造成交通壅塞，政府還特地加開公車、火車、渡輪班次，舒緩交通。也因空間供不應求，一九六八年行政院又核定設立楠梓加工出口區，同時將興建中的臺中潭子工業區改為臺中加工出口區，以容納更多的新廠商進駐，華泰電子即是因此而落腳在楠梓加工區。

同樣是一九六〇年代，臺灣的工業剛起步，歐美先進工業化國家的製造業卻紛紛外移，積極往亞洲尋找勞力密集的區域，設立工廠或尋找代工；除了日本以外，包括臺灣、菲律賓、馬來西亞、新加坡等地都是外商投資的目標。臺灣因高雄加工出口區的免稅政策，以及低廉的勞工、優良的加工品質，深獲歐美廠商的青睞。

臺灣半導體產業的發展開端也是從代工開始，最早有美國通用電子、荷蘭飛利浦公司前來投資。當時臺灣電子業的人才，具有高學歷、優良技術、薪水相對國際標準仍屬低薪等特點，非常受外商歡迎。

以交大電子研究所的畢業生而言，一九七〇年代初期的月薪為兩百美金，約等於新臺幣八千元，在臺灣已經算高所得，讓很多人羨慕不已。現在臺灣知名的電子業創辦者，很多都是早期外商公司的工程師。

相較於亞洲其他各國，臺灣最值得稱頌的一點，是本地創業者的崛起，包括創立華泰電子的杜俊元，創立環宇電子的邱再興等，他們原本都在外商公司任職，卻有開拓性的視野，最後都選擇創業，自行承接外國的訂單，走出自己的路來。

對外商來說，只要單純將訂單交給臺灣的電子公司即可，不用再承擔管理責任或其他風險，例如前期的資金周轉、材料處理、人力成本……這對他們是更佳的合作模式。

於是，在全球半導體產業的垂直分工體系中，臺灣漸漸扮演重要角色，加以技術良好、信用可靠、價格又有競爭力，獲得國外廠商高度評價，最終脫穎而出。

如今，臺灣半導體產業的發展，遠遠超過菲律賓、馬來西亞、新加坡，在世界獨占鰲頭，這些深具創業精神、最早打出一片天的拓荒者，絕對功不可沒。

關鍵時刻 貢獻所學

一九八〇年，政府設立的工業技術研究院出資創辦聯華電子（簡稱聯電）之前，臺灣還是以末端的代工為主。聯電創立之後，才算正式邁入高附加價值的半導體事業。

臺灣公部門於一九七九年確認了積極發展半導體產業的未來走向，當時主管科技政策的行政院政務委員李國鼎、行政院院長孫運璿、電信總局局長方賢齊等為推行的主力團隊，他們結合海內外學術界及企業界人士，全面推動科技產業發展。

這一年九月，已有諸多經驗的杜俊元接受政府徵召，全力協助聯電的創辦，這是官方對他專業與人格的肯定。一九八〇年五月，聯電在新竹設立後，杜俊元承擔第一任總經理的重責大任，直到一九八二年元月聯電試運成功，才功成身退。

此後聯電引領了臺灣半導體產業的發展，至今已是全球半導體晶圓代工業界的領導者。

這一段經歷，是杜俊元在臺灣半導體產業史上被公認並尊稱為「前輩」、

「先驅者」的關鍵，因為聯電是重要的里程碑，創立成功會加速臺灣在科技領域的進程，後續規畫也可以順利開展。

杜俊元則謙稱，這個事業是很多人一起成就的，包括與他並稱「北胡南杜」的前工研院電子所所長胡定華，曾擔任他副手的前聯電董事長曹興誠，以及諸多具有眼光與魄力的政府官員，那是一段充滿使命感，共同為臺灣產業轉型戮力付出的時代。

此前，沒有多少人認為臺灣有條件發展半導體產業，包括科技界人士也不看好，一般上市公司的大老闆們更抱持觀望的態度，不敢貿然投資。

後來，隨著聯電順利運轉，臺積電、新竹科學園區陸續成立，許多人看到前景，才一波波地投入，形成今日盛況。

如今，半導體產業的產值已占臺灣生產總值（GDP）的百分之二十，稱其為經濟命脈並不為過，臺積電更有「護國神山」的美譽，讓臺灣在國際上被看見，在國際政治方面也具有相當的影響力。

「很榮幸，我們身為參與者，在那段關鍵時刻，有機緣可以貢獻所學，在大時代裏，得以恭逢其盛。」杜俊元回顧過往，道出身為科技人的榮耀與感恩。

經歷生死劫難之後

在世界半導體領域，具有舉足輕重地位的宏碁集團創辦人施振榮，也深深肯定杜俊元在臺灣科技史上的角色：「杜博士作為先驅者，有著重要的示範作用，給予後進者們信心往前衝，這是很大的貢獻。」

施振榮也提及他與杜俊元的淵源：「杜博士學成歸國時，非常有名。我剛當完兵，正要上交通大學電子研究所，聽到他有機會來所上任教，我和同學都充滿期待，還想請他當我的論文指導教授。」

後來，杜俊元因為準備創業，而沒有到他們所上，「很可惜，我就沒有機會當他的學生了。」施振榮深刻記得這段失之交臂的師生緣。

反倒是施振榮自己創業後，有更多機會與杜俊元接觸，常常向這位亦師亦友的前輩請益，「他非常照顧年輕朋友，他的華泰電子也聘用很多我們交通大學的學長與同學，可說是早期電子業菁英匯聚的企業，給了年輕人很多機會。」

尤其那個時代念到博士的人，通常都待在學術界，杜俊元卻選擇創業，更令年輕人心生嚮往。

隨著華泰電子的穩定發展，不斷求新求挑戰的杜俊元，又於一九八七年在新竹科學園區創立矽統科技，主要業務升級到前端的ＩＣ設計，事業的版圖更上一層樓。

但也在這一年，杜俊元前往夏威夷參加臺大電機系的校友會時，因左胸絞痛送醫，才發現是冠狀動脈阻塞。幸運的是，靠著側枝血管維持心臟所需的營養與氧氣，他得以支撐回臺才進行心導管手術。

「這條命是撿回來的。」經歷了生死之劫，他對於人生有了不同的感悟，慢慢從事業第一線退下來。

一九八八年，妻子楊美瑳加入慈濟，杜俊元的生命歷程又接受一場前所未有的洗禮，讓他從事業為重的企業家，轉向，朝往更永恆的志業之路行去。

清淨琉璃身

慈青 飛天

若持法華者 其身甚清淨 如彼淨瑠璃 眾生皆喜見……

《法華經》〈法師功德品第十九〉

第四章
後山生活 感念親恩

在杜俊元回臺之後，到創業移居高雄之前的幾年時間，楊美瑳就帶著孩子，在臺東池上的婆家，過著燒大灶做飯、溝仔邊洗衫的後山媳婦生活。

杜俊元曾經提及，他這一生唯有兩件事，沒有依照母親的意思：一是關於前途，沒有照母親希望的待在家裏繼承碾米廠；一是娶妻，沒有娶母親想要的傳統鄉下女子，而是找了高學歷的都會女性為伴侶。這也注定了楊美瑳與婆婆之間的關係，一開始不會太融洽。

城市媳婦與鄉下婆婆

「我婆婆能幹又精明，在她眼中，我這都市來的孩子什麼都不會，像那種『只會吃不會做』的大小姐。從美國回來之後，我更是吃足了苦頭。」楊美瑳笑著回憶。

當時杜俊元已經在臺大及交大教書，課程多排在星期一到星期三，回池上的時間就是星期四到星期六，星期日就得坐火車趕回北部。

平日只有楊美瑳帶著三歲的老大、一歲半的老二，在鄉下跟兩個老人家住。孩子正是好奇貪玩的年紀，稍不注意就整天在地上爬，或是跑到田裏抓蟲子玩，常常弄得全身髒兮兮，手腳被蚊蟲咬成紅豆冰，讓年輕的母親照顧起來疲於奔命。

但讓她最不習慣的，還是生活上的落差。在美國時，隨時有自來水，有洗衣機，有電鍋，對家庭主婦來講非常便利，回到池上，時光彷彿一下子倒退回古代去了。

那時，老家前面有一條灌溉的水圳，水質很清澈，家裏雖然有裝設水龍頭，但是婆婆非常節儉，除了洗澡之外，所有東西包括衣服、蔬菜都要拿到圳溝裏去洗。

她曾提議，想用在美國存的一點錢，購買瓦斯爐及電鍋，方便家裏煮飯煮菜，婆婆卻不答應，認為家裏已經有大灶，不要再浪費。

小兒子那時還在喝牛奶，需要每天蒸奶瓶消毒。在美國使用蒸奶瓶專用鍋，一個按鍵下去就ＯＫ，回來卻得生火用大灶，可說是天壤之別。

或許婆婆認為她是獨媳婦，不管原先中不中意，都得讓她學會撐起偌大的家，所以生活中對她多所磨練。

她一大早起來就得先去掃晒穀場，碾米廠專用的晒穀場可是一大片，掃起來花費不少力氣。接著，要燒大灶煮早飯，家中平日就有供長工們用餐，農忙時更得煮上大鍋大鍋的割稻飯。

整個大灶有四個洞可放鍋子，一個最大的鍋子用來燒大量的洗澡水，一個用來炒菜，一個用來燒飯，還有一個燒開水等。燒灶用的是粗糠，剛好碾米廠最多，但燒粗糠要有技巧，方法不對，火勢就無法蔓延，燒的熱度也會不均勻。

一開始，她完全不會，不是粗糠點不起來光冒煙，就是火勢只在前面燒，無法往後面蔓延，「為什麼火都跑不到後邊去？我還要炒菜，這樣是要怎麼煮？」焦急的媳婦把一張張日曆紙撕下來引火，粗糠一波波往後面撥，火勢就是過不去。更尷尬的是，公公已經在旁邊等很久了，最後終於忍不住開口：「美瑳啊，你怎麼還沒有煮好？工人就要來了哩！」

婆婆看她煮飯煮菜動作慢，幾次下來也會說話，她想著這樣不是辦法，只能每次早一點去練習，後來才慢慢抓到訣竅，知道要把一邊的灶門打開，讓空氣通足了，火勢才會順利過來。

到了割稻時，要用傳統蒸籠煮大鍋飯給更多工人吃，婆婆只丟下一句：

「美瑳，你去煮！」也不管她有沒有煮過，就算不會，也讓她自己想辦法。她只能硬著頭皮，跑去隔壁找長工教她，現學現做地煮出來，否則讓工人挨餓，事情就大了。

結婚時，她的嫁妝有一臺縫紉機，婆婆看到了，以為她會做衣服，叫她幫公公做。她坦言不會，婆婆怎麼都不相信，認為她在推託，最後她是請教會縫紉的長工太太，才完成婆婆交代的任務。

「不會的就去學，遇到困難就去克服，不然能賴給誰？做人媳婦就是這樣。」楊美瑳回憶年輕時所受的磨練，其實都讓她成長，相較之下，她覺得現代人大多過於寵孩子，什麼事情都先幫孩子擔下來，反而讓他們少了一分韌性，以及解決問題的能力。

給予照拂和溫暖的長輩

平日要幫著婆婆養豬、顧店面、種田、晒穀子，即使店裏有長工可以分擔，自己還是要親自去投入。

每年春節期間，大家都休息了，楊美瑳也很少能在初二回娘家，因為碾米廠過年正忙，要幫忙張羅許多拜拜的事。她雖然想念娘家的爸媽和手足們，但婆婆那麼厲害，她根本不敢開口。

有時想到自己念到大學，在鄉下完全無用武之地，心裏難免有一些過不去，但她還是告訴自己，為了先生和孩子要忍耐。只可惜，婆媳問題終究是最難解的，累積已久的情緒，也終有爆發的一天。

楊美瑳性格中有著剛強的一面，長久不能依自己想要的方式生活，加上婆婆一直沒有給好臉色，她也會沮喪甚至生氣。跟先生傾訴時，先生深知自己的母親執拗難纏，只能安撫她退讓一下，日子才會比較好過。

那時，杜俊元已重新在臺灣ＩＢＭ上班，能在家的時間更少了。有一次，她又和婆婆起爭執，杜俊元剛好去美國受訓三個月，沒人陪在她身邊分擔情緒，她終於承受不了，大哭一場之後決定：「我不要再待在這裏了，我要帶著兩個孩子離開！」

她乘著老人家在午睡，騎著腳踏車就往火車站趕，想先去買車票。結果還沒到車站，就遇到相熟的梁媽媽，將她攔了下來。梁媽媽是建興碾米廠梁火照的妻子朱閩，也是當年和她婆婆王圓一起買下錦豐碾米廠的那位好友。

梁媽媽個性開朗又大方，她生有八個兒女，家中總是熱熱鬧鬧，她也很了解王圓的秉性和脾氣，對於當媳婦的楊美瑳總是多了一分疼惜。楊美瑳也很喜歡去找她，把她視為自己在後山的母親一樣，有什麼委屈跟她傾訴，多半都能獲得寬解。

或許冥冥中注定，原本應該在午睡的梁媽媽，那天難得沒有去休息，剛好就站在店門口，看到楊美瑳騎腳踏車過去，臉色還不太對勁，招了招手把她叫過來。

楊美瑳一看到梁媽媽就忍不住哭泣，邊哭邊說婆婆對待她的態度，真的讓她很不舒服，她沒辦法繼續忍受，想帶著孩子一起走。

「傻孩子，老人家的個性就是這樣，不要跟他們計較。」「他們年歲大，剩下的時間短，你們年輕人的時間還長，未來的日子終究是你們的。」梁媽媽溫言的安慰，讓她漸漸冷靜下來。

仔細一想，自己也是太過衝動又天真，公公、婆婆怎麼可能讓她帶走寶貝孫子呢！她那時沒打算回娘家，也沒想好要去哪裏，最後還是回到房間哭一場，這件事就揭過去了。她後來聽進了梁媽媽的話，對婆婆多加忍耐，凡事以和為貴，日子就這樣一路走過來了。

「我常說，梁媽媽真是我的貴人，如果不是她，說不定我跟杜師兄就沒有後面的故事了。」楊美瑳真心感謝這位在她艱難時，給她照拂與溫暖的長輩。

鄉里間津津樂道的事

梁媽媽朱閩出生於一九一〇年，二〇一五年往生時已一百零七歲，是當時池上最高壽的老人家。因為長年和先生梁火照一起做生意，她交際廣泛又與人為善，性格親切隨和，在鄉里間很受人讚揚。有趣的是，朱閩的個性和王圓南轅北轍，但兩人卻能成為好朋友。

而且兩家雖然分開做生意，卻依舊維持良好的情誼，小輩之間相互往來，像楊美瑳就很喜歡去他們家，因為有幾個女孩子和她年齡相仿，梁媽媽又好客，那種熱鬧溫馨的氛圍，讓她很嚮往。

杜錦枝與梁火照兩人生意做得出色，也都熱心公益，樂於回饋鄉里，在地方上深具名望。

一九六二年，池上國中創校時缺乏經費，杜錦枝與梁火照連同池上幾位社會賢達，各捐出新臺幣一萬元，做為購買校地的資金，這相當於當時一般公教人員一年的薪資了。一九六八年，他們又共同捐出位於池上鄉福原村由兩家共同持有的土地，總計五百二十七坪，全屬於精華地段，做為池上市場的建設用地。除了這些大手筆，還有不計其數的興學、濟貧等善舉，真正顯現何為積善之家慶有餘。

後來，杜俊元離開家鄉創立大事業，錦豐碾米廠在杜錦枝手上結束；建興碾米廠則在地方持續扎根，經營至今邁入第三代。兩家的發展走向完全不同，卻維持深厚的世交情誼。

「阿嬤在世時，每年杜叔叔他們回鄉掃墓後，一定會特地過來探望阿嬤，聊聊近況，關心她的身體健康。」建興碾米廠現任負責人、朱閩的孫子梁正賢回憶。

朱閩晚年和孫子梁正賢、孫媳婦徐月鑾一起住，祖孫倆的大方海派一脈相承。梁正賢形容朱閩是家裏的外交大臣，人緣非常好，「給阿嬤再多零用錢，過兩天就沒了，因為她看到相熟的後輩，一開心就到處發零花錢。」

跟她住最久的梁正賢耳濡目染，也不惶多讓，更勇於創新。他從日本帶回自然農法的概念，一手推動建興碾米廠的轉型，並結合業者及農會等單位，促成池上米的產地認證標章。

他不僅對農民福祉與家園永續多所關注，對在地有機農業與藝文活動的發展，如知名的池上秋收稻穗藝術節，也不遺餘力推動。朋友都戲稱性格爽朗的他是「員外」，鄉內大小事找他幫忙，只要做得到，他從不拒絕。知名的紀錄片導演蕭菊貞，二〇二二年完成的作品《稻浪上的夢想家》，即記錄池上與梁正賢的故事。

提到杜俊元，梁正賢非常與有榮焉：「他是池上的指標性人物，是我們在地人的驕傲！」從鄉下考上全臺一流的臺大電機系，又出國到頂尖的史丹佛大學留學，更曾是臺灣電子業的南霸天，每一段經歷提出來，都足以讓家鄉的人們津津樂道，傳頌不已。

但最讓梁正賢感佩的，卻是杜俊元與楊美瑳重情念舊的一面。「他們來看阿嬤時，都是輕車簡從，從來不張揚，但每一年都沒落下。」

梁正賢說，杜俊元夫婦完全沒有大企業家的派頭，在阿嬤跟前就像一般的子姪那樣親近，對他們這些後輩也很隨和，低調到讓負責接待的梁正賢與太太常常感到不好意思，好像對這樣身分的貴客，有點招待不周。

梁正賢也提及年少時的趣事，他和堂姊梁秀珍要考大專那一年，兩人都不愛去沈悶擁擠的圖書館看書，反而喜歡往錦豐礱米廠跑。那時礱米廠已經沒有營運了，但是還沒改建，杜錦枝也還住在裏面。

梁正賢記得老人家眼睛沒有很好，但還是非常好客，他們去時只要喊一聲「伯公」，跟他打一下招呼，就可以進去。礱米廠的環境很舒服，倉庫、晒穀場又大又寬敞，隨他們挑選喜歡的角落溫書，看書看到累了，周遭就是翠綠的稻田，一望無際，心曠神怡。

最重要的是，這裏可是杜俊元的老家，出了狀元的地方呢！那一年，他和堂姊都考上了理想的學校，他還偷偷地想，說不定就是沾了狀元的光。

免去子孫後顧之憂

錦豐碾米廠是在一九七八年結束。

杜錦枝就像老一輩的父親，和兒子之間，話一向不多，但關心卻表現在許多實際作為上。他很清楚兒子有著大志向，不可能回臺東繼承祖業，所以放手讓杜俊元出去闖，並在他創業時給予資金協助。

到了晚年，杜錦枝更是親手處理家中產業，將大部分土地賣掉。老人家想得遠、看得透澈，土地在他手上賣掉，不會有人說閒話，但如果他不在了，怕兒子要處理這些土地時，會被鄉人譏諷為不孝，索性由他先解決，免去子孫的後顧之憂，這是慈父的一番苦心。

錦豐碾米廠收掉的隔年，杜錦枝就往生了，享壽七十八歲。那時，杜俊元已經移居高雄，他和楊美瑳接到消息，趕回池上處理父親後事。

楊美瑳將娘家母親送的一串珍珠項鍊拆開，一顆縫在公公的帽子上，一顆讓他含在嘴裏，寓意由珍珠照亮公公前往的路，感恩他一輩子的付出，以及對後輩的照拂。

而早在碾米廠結束之前的七、八年，就全是王圓一力在打理經營。刻苦又閒不住的她，曾經辛勞到發生小中風，康復後又馬不停蹄在臺東、花蓮到處跑，四處接洽米糧買賣。

老太太在一九九六年往生，享年九十四歲。從她中風到往生，差不多有二十五年的時間，前面十幾年，她還有行動能力，後來連走路都漸漸有問題。跟兒子、媳婦住在高雄時，她寧可自己扶著桌椅家具慢慢走路，也不肯讓人攙扶；老人家免不了有失能失禁的問題，也不准人家幫她包尿布，後來實在是動不了，無法自理了，才接受他人的服侍，由此可見她一生的剛硬要強。

王圓往生時，杜俊元與楊美瑳剛好在美國，急忙趕回來，慈濟師兄姊已經協助他們的兒女把後事都料理好了，讓夫妻倆感恩不已。

隨著婆婆往生，再回憶起過往，很多情緒早已煙消雲散。楊美瑳衷心覺得，雖然年輕時在後山吃了很多苦，但她對婆婆還是抱著一分感恩的心，因為這些磨練與教導，讓她在往後的人生裏，蓄積出勇氣與能量，得以陪著創立事業的先生，闖過一個又一個重大的挑戰。

其實，後山的日子習慣了，也別有一種趣味，像跟著左鄰右舍在大水溝裏洗東西，上游的人在洗菜，下游的人在洗衣服，整條溝圳充滿談笑聲，既熱鬧又有人情味。尤其天氣晴朗時，看著衣物和被單在水中輕盈地漂來漂去，一種踏實的生活感油然而生，抬頭再望見青翠壯闊的中央山脈，整個人胸臆大開，所有煩悶都不見了。

那些經歷，都豐富了她的人生，是獨屬於她的後山媳婦的故事，值得再三珍藏與回憶。

紀念父母恩澤的杜園

在臺東縣政府網站及臺東觀光旅遊網絡裏，杜園是常常被提及和推薦的景點。位於臺東池上鄉新興村六鄰八十號的杜園，正式名稱是杜錦枝紀念庭園，也是杜俊元的老家及錦豐碾米廠的舊址。

在事業版圖及生活重心移到南部後，杜俊元與楊美瑳決定將祖厝改建為開放的景觀庭園，以緬懷杜錦枝與王圓的教養恩澤，同時回饋鄉里。此外，杜園的設立宗旨還包括淨化人心、服務大眾、推展文化教育及促進社會祥和。

杜園距離池上近年最熱門的景點伯朗大道不遠，占地兩千多坪的園區內，設有紀念館、活動中心、景觀花園、藥草園、假山、蓮池、涼亭、廣闊的草坪、停車場等，既有中式庭園的典雅，也有大自然的綠意野趣。

值得一提的是，藥草園收集有一百多種珍貴藥草，供有興趣的民眾參觀與認識，也另請臺東縣農改場技術指導，提供其各種珍貴藥草作為研究之用。

杜園開放一般民眾免費入園參觀，單位團體也可以申請場地，辦理活動、展覽及教學研究等，這裏更是附近居民散步遊憩的好地方。

證嚴法師也曾造訪杜園，後續吸引很多慈濟人來訪，尤其高雄的慈濟志工往返花蓮靜思精舍時，常在此休憩。園中處處可見的靜思語，讓大家在優美的環境中，感受一分清淨心。

從私宅祖厝，到大眾可以共賞共鳴的庭園，杜俊元與楊美瑳的決定，充滿智慧與大愛，可說是紀念父母的最佳方式，在分享中讓先人遺愛更加流傳。

杜園周遭的大片稻田，每當微風吹過，稻浪翻飛的勝景十分迷人，彷彿也翻騰著一頁頁米農與糧商的奮鬥歷程。若是在收成的季節到訪，黃澄澄的稻穗飄香，是視覺的無上宴饗，也是後山一代一代人的豐收想望，更可遙想當年錦豐碾米廠的榮景盛況！

為環境保育盡一分心

除了杜園之外，杜俊元另一項對家鄉的回饋，是贊助池上著名的地景大坡池保育行動，對於在地的生態環境貢獻良多，也在地方傳為美談。

大坡池是因池上斷層活動而形成的斷層池，水源來自新武呂溪沖積扇末端的伏流，也是秀姑巒溪的源頭之一。

早年這裏曾以「池上垂綸」之名，列為臺東十景之一，目前池域面積約二十八公頃，位於海拔兩百六十二至兩百六十九公尺，是臺灣難得的內陸淡水沼澤，也是花東縱谷最大的湖沼溼地。

池底有多處湧泉，池水終年不涸，溼地生態豐富，水生植物、昆蟲、魚蝦遍布，更是冬天候鳥棲息的好地方。這裏是小學生遠足、情侶約會的熱門地點，有著池上人的共同記憶。

然而，如此美麗又深具意義的大坡池，卻幾度遭遇自然與人為的摧折，面貌也一再改變。最早的文獻記載，是日治時代的一九一〇年（明治四十三年），臺灣總督府官方紀錄大坡池面積約為五十六公頃。

其後一甲子，隨著颱風山洪等自然災害的淤積，以及周邊水田的開發，一九七〇年時，面積減為四十五公頃。接下來十餘年，歷經泥沙淤積、政府排水設施的增建、農民持續圍墾、不當的大型開發建設，至一九八五年時，面積已大量縮減，剩下二十八公頃。

一九九〇年代，臺灣以經濟掛帥，在急功近利的觀光政策下，大量水泥建築、水泥拱橋及堤岸、人工島進駐，大坡池徹底失卻原本靈秀的面貌，大型建設也導致部分「泉眼」被堵住，生態環境大受衝擊。

直到一九九九年發生九二一地震，許多大型開發因震災而中止，大坡池意外獲得喘息的機會。

二〇〇〇年起，隨著新世紀的展開，生態保育意識逐漸抬頭，池上人驚覺大坡池離記憶中的樣貌愈來愈遠，關心家鄉環境永續的地方人士於是組成池潭源流協進會，積極倡議恢復大坡池的自然樣貌。

公部門幾經檢討，也坦承之前的開發方向錯誤，自此政府與民間一起合作，推動減量工程，拆除大型水泥建築及多餘的人工設施，進行大量植栽綠化及水資源保護，用行動一點一滴找回大坡池曾有的尊容。

杜俊元與楊美瑳做為池上出身的企業家，對家鄉的生態保育行動深感認同，也善盡企業的社會責任，實地贊助池潭源流協進會的環境守護工程。

大坡池在各方努力下獲得新生，二〇一一年由內政部營建署公告為國家級重要溼地，朝向永續的生態保育、生態旅遊發展。

而今，大坡池綠樹成蔭，荷影搖曳，野鳥魚蝦回歸，一片生機勃勃。小學生再度來這裏戶外教學，居民隨興在湖畔遊走，遊客騎著腳踏車在步道穿梭，假日還不時有悠揚的音樂會上演。

佛口所生子　　慈青飛天

身意泰然 快得安隱 今日乃知 真是佛子 從佛口生 從法化生 得佛法分……

《法華經》〈譬喻品第三〉

第五章
老天爺多給的每一天

杜俊元創業後，楊美瑳成為他最堅實的後盾，幫他將家裏大小事打理好，照顧三個孩子的生活起居及就學，讓他無後顧之憂專心拚事業，是無可挑剔的妻子與母親。

但這樣單純的家庭主婦生活，在她四十六歲那年，因為健康問題而改變。她平常在家有閱讀報紙的習慣，當時的《臺灣新生報》、《聯合報》都有關於生活及保健的專欄，她常常從報導中獲取醫療健康的知識。

有一天，她發現自己胸部有硬塊，警覺不對，趕緊跟在臺北榮民總醫院擔任核子醫學部主任的二姊夫聯繫。二姊夫建議她立即就醫並接受穿刺檢查，幸好結果出來，只要開刀切除即可。

二姊夫為她安排在臺北榮總進行切除手術，她告知杜俊元北上手術的時間，那是在矽統科技創立前夕，杜俊元實在騰不出時間，只能打電話請二姊、二姊夫多幫忙照顧。楊美瑳心裏的忐忑不安稍稍定下，拎著行李就北上，手術同意書也由二姊夫幫忙簽署。

她記得很清楚，在辦理住院手續時，護理人員看到她提著行李，還以為是陪伴的家屬，朝著她問，患者在哪裏？「我就是！」她淡定地回應。

雖然手術順利，但楊美瑳日後想起，也不免有些抱怨：「我這是動手術呢，也算生死交關，怎麼沒有陪我呢？」心中還浮現學生時代念過的白居易〈琵琶行〉，那句有名的「商人重利輕別離……」，愈想愈覺得委屈。

杜俊元秉持著理工人的理性與冷靜，想到楊美瑳的病況不是惡性，姊姊、姊夫又那麼照顧她，完全不必擔心，他陪伴的作用不大，只要交給專業的醫師就好了。

後來，楊美瑳走入慈濟，在醫院當過志工，看過許多生死，陪著杜俊元經歷幾次病痛的緊要關頭，她終於理解先生當初的想法也沒錯，生病就是交給專業的醫師，多餘的擔心根本沒有用，無謂的抱怨與計較更是浪費時間，還不如去做更有意義的事呢。

不過，當年才四十六歲的楊美瑳，還沒有那麼大的體悟。一檢查出來腫塊需要切除，她先是驚慌地想，生命是不是要結束了？後來又得知，跟她同一位外科醫師的病友，手術後不到一年就往生了，她更是憂心忡忡。

想到自己的命也算是撿回來的，她不禁想著：「我這麼乖乖牌，一直照顧著家裏，讓先生可以安心在外拚事業，孩子們也漸漸都有自己的天地，只有我好像沒什麼建樹……」一股意念漸漸生起，「我也是大學畢業的呀，也想做點什麼，而不是只待在家裏。」

這次生病，讓她毅然決定走出家庭，剛好孩子都大了，她可以稍微放心，開始去接觸各種社會團體，一來想改變生活模式，再者也想發揮生命的能量，看能否為社會公益盡一點力。

她首先接觸到高雄的基督教女青年會（ＹＷＣＡ），覺得聚會的氛圍很好，跟大家學習英文《聖經》也不錯，她也很喜歡長老會的牧師娘，一度曾心動地想加入基督教；但又想到婆婆虔誠的民間信仰，「我是獨媳婦，和婆婆信仰不同的話，一定會引起許多紛爭，導致家庭的不合。」於是作罷。

她從小對宗教就很崇敬。小時候住在臺北新生南路的日式宿舍，祖先牌位安放在高高的牆上，年紀還小的她搆不到，就會利用藤椅的兩邊把手，站上去插香。其實家裏那麼多哥哥、姊姊，根本用不著她去做，但她就是喜歡，覺得跟祖先、佛菩薩親近，心中有種莫名的欣喜。

結婚後，跟著婆婆拜關聖帝君，碰到還願的時候，就要念上三天的經文，她也是順著老人家的心意去做。不過，她心裏始終還是想要有一個真正的信仰寄託。

看似簡單其實不簡單

一九八八年，她到花蓮參加明義國小同學會，一位楊姓老同學邀請她前去參觀靜思精舍。

那時，精舍的中庭還沒建好，證嚴法師剛好走出來，她和同學一起向法師頂禮。雖然跪在地上，她心中卻還沒有多大感覺，後來請了一部法師開示的《三十七道品》錄音帶回去聽，才大為震撼，「這位法師的開示，都在闡述人生要及時行善、行孝」、「上人把佛法生活化，告訴人們，父母就是堂上活佛，與其到處去廟裏拜拜，不如好好孝順家裏的父母」。

這些淺顯又充滿智慧的話語，讓楊美瑳有如醍醐灌頂，她想起自己和婆婆的關係，對於婆婆一直以來的嚴厲磋磨，她其實是有著心結的，尤其以前在後山受到的操勞與委屈，讓她意氣一上來，還曾暗暗想過：「你這樣磨我，等我以後當家做主了，我就怎麼怎麼奉還……」結果法師的開示，讓她瞬間轉念，反省自己過去的心態，除去那些不敬的念頭，更進一步用恭敬的態度和善巧的方式，與婆婆相處。

婆婆九十多歲時，中風臥床，加上失智，記憶時常錯亂。有時會忽然喊著：「我的豬還沒有飼，我要去飼豬！」然後掙扎著要下床；有時突然說：「有客人來了，你飯煮好了沒？要好好招待啊！」然後催她去煮飯。

楊美瑳說，如果她沒有走入慈濟，大概會很不耐煩、直接跟婆婆頂回去：「現在早就沒有養豬啦」、「今天沒有客人來啦」。

在法師耳提面命「孝順堂上活佛」的教誨下，加上認真聽取醫師的建言，楊美瑳知道要如何照顧失智的老人家，她會順著婆婆的話語，溫言告訴她，「豬仔，我會去飼，您免煩惱」、「飯早就煮好了，就等客人來了」。

有時，婆婆還會擔心地問一句：「那些豬，你知道怎麼飼嗎？」得到肯定的答覆後，老人家才安心地乖乖躺下。

「走入慈濟後，我無論遇到事業或家庭上的困難，都是運用上人的法，然後轉心念，很多事情都可迎刃而解，也不會再斤斤計較，或是自尋煩惱。」楊美瑳提及自己的經驗，特別強調：「尤其《靜思語》一定要看，每一句都是上人走過的路，精簡卻蘊含人生的哲理。」

她舉例，有心就有福，有願就有力；用心就是專業，用心就不難；甘願做，歡喜受；吃苦當作吃補……「這些都是簡單的道理，但你真的去做了，才會有體悟和感受。」她孜孜不倦地與眾人共勉。

自從因緣際會接觸慈濟後，楊美瑳就發心跟隨法師走菩薩道，她常常跟著尋根團從高雄坐遊覽車回靜思精舍，只要跟法師說上幾句話，就足以讓她歡喜很久。

她也積極接引另一半。她想到的是，法師領導這麼龐大的志業，讓這麼多人信服並追隨他從事濟世救人的工作，一定有很多值得杜俊元學習的地方。當時，杜俊元有四、五千位員工，她希望他至少學到如何服大家的心，更好地領導公司。

楊美瑳帶回許多慈濟的刊物、錄音帶，讓杜俊元有空就閱讀或聆聽。電視上只要有法師開示的節目，她也會特地把電視打開，讓杜俊元多多接觸。

久而久之，杜俊元也覺得這位法師說的話雖然平實，卻都很有道理，值得人尊敬。對於妻子參加慈濟活動或捐款，他全部都贊同，但事實上他並沒有很上心，因為實在太忙了，而且他總覺得家裏有人參加慈濟、投入慈善工作就夠了，他沒必要也跟著花時間投入。

但楊美瑳非常有耐心，一直想辦法要帶領杜俊元參與慈濟活動，引領他深入了解。杜俊元記得第一次回靜思精舍，看到法師從裏面走出來，還沒跨出門檻，身旁的楊美瑳和另一位師姊馬上就跪下頂禮。

瞬間，杜俊元愣在那裏，想著：「慘了！她們都沒先跟我打個招呼，就這樣跪下了？那我到底該怎麼辦啊？」他還傻傻站著，楊美瑳抬頭看他沒有動靜，趕忙拉了他一下：「你也來跟師父頂禮。」他才跟著跪下磕頭。

一向理性思考的他，邊磕頭還邊想：「為什麼我得磕頭？我雖然尊敬這位法師，但還沒到要磕頭的程度吧？」他心中有些質疑，但還是依著指示。

貼近難以想像的人間苦難

那天，他們參觀完精舍要離去前，證嚴法師輕輕跟他說了一句：「杜先生，你事業要做，志業也要做。」在那樣平常的場合，看似無關緊要的一句話，杜俊元並沒有放在心上，只在腦中記得有這一回事。真正感覺到這句話的重量，是在一門深入

楊美瑳認識慈濟和證嚴法師後，也設法帶杜俊元一起了解、投入。

慈濟之後，才恍然大悟法師當初的意思，從此一生服膺、奉為圭臬，「我這一生能做到這句話，就很了不起了。」

一九九〇年，杜俊元受證為慈濟榮譽董事。這時，他還是以捐錢為主，真正用心投入時間，是從一九九二年五月，參加慈濟在大陸江蘇、安徽的賑災行動之後開始。

那次也是因緣湊巧，十分護持並親身投入慈濟而被尊稱為「李爺爺」的李宗吉，因為身體不舒服而臨時退出，杜俊元剛好遞補上去。這一趟賑災之行，讓他對慈濟有了完全不同的看法，可說是他堅定走上菩薩道的關鍵，影響非常深遠。

「那一次賑災，除了讓我看到人間的苦難，更讓我見識到慈濟人在做什麼、怎麼做，以及感受到什麼是真正的慈濟精神。」杜俊元描述他們一行人，每天忙到三更半夜，第二天一大早就得起床。白天進行勘查與發放，原本他以為晚上回到旅館就可以洗洗澡、休息去了，結果晚上還要開檢討會，大家一起討論當天哪裏沒做好？可以如何改進？接著，還要整合第二天的分組及編隊事務……每天行程滿檔又緊湊，對每個成員都是精神與體力的大考驗，但大家卻做得很歡喜。

「這次的經驗，真的給我很大的震撼——沒想到慈濟的賑災，是做到這樣的程度！嚴謹又尊重，踏實又誠懇，非常難能可貴，也給了我很多啟示。」他深刻感覺，這樣的團體應該多加了解，而依他實事求是的個性，想了解就會去深入參與。

他接著又參加一九九五年柬埔寨的勘災行程，當時柬埔寨剛結束內戰不久，又遭逢水災和乾旱。慈濟勘災團前往歷經戰火、殘破不堪的首都金邊，進行賑災工作的實際評估，除了杜俊元之外，團員中還有不同領域的實業家們，因為重建所需的各項物資，如發電機、抽水馬達、米糧、穀種、建築等，都需要不同面向的評估。

柬埔寨以「三多」聞名，蚊多、蛇多、地雷多，還有赤棉流竄。在裝甲車開道下，勘災團冒著種種不便與隱藏的危機，每天天沒亮就帶著飯店準備的素食便當出門，住的雖是金邊最大的飯店，但物質匱乏之下，中午便當只有白飯加幾根四季豆，大家都惜福地吃完，沒有人抱怨一句。

「勘災過程，我看到一個無家可歸的小孩，睡的地方惡劣不堪，手中提的水，髒得讓人不忍心看，他還小心翼翼留著一根臘腸，上面滿布了蒼蠅，放了一個月仍然捨不得吃……」杜俊元記憶深刻。

除了這些戰爭孤兒，他們還走訪宛如戰地醫院的醫療院所，看到滿是因誤踏地雷而斷手斷腳的傷兵及農民，在缺乏醫藥下無法得到妥善照顧，而醫院時常缺水，病房充滿惡臭，更致命的是缺電，往往造成手術中的傷兵死亡……這些苦難，都是身在富足安定的臺灣人所難以想像的，也更讓他們覺得應該要做點什麼。

那天他們勘查完行程，晚上十點多還在討論救災相關事宜，突然有一名柬埔寨軍人來到飯店，請求會見慈濟人。原來，對方是柬埔寨西北部馬德旺省的副省長，聽到慈濟人來金邊勘災的訊息，特地坐了六個小時的車南下，前來為災民請命。他說明當地平民的家當及接近收成的稻米，全部遭赤棉劫掠及燒毀，導致九萬人流離失所、缺乏米糧，希望慈濟人可以過去看看。

那次是由慈濟基金會副總執行長王端正領隊，他評估若要提供九萬災民三個月的口糧，需要額外支出大約一千八百萬元新臺幣，結果隔天包括杜俊元在內的十八位企業家們，每人自動自發，都決定再捐出兩百萬元，只期望能幫助更多苦難中的生命。

埋下善種子終有發芽時

柬埔寨是中南半島上歷史悠久的文明古國，擁有超過兩千年以上的歷史。西元九世紀出現的吳哥王朝，國勢鼎盛，文化輝煌，國力最高峰的十二、十三世紀，版圖含括現今柬埔寨全境以及泰、寮、越等部分地區，吳哥更是中世紀時代，全世界最大的城市。

直至十五世紀後，吳哥王朝國勢沒落，政治經濟中心才逐漸轉到金邊。現今位於柬埔寨北部暹粒市近郊、被列為世界文化遺產的吳哥窟，即是輝煌王朝的見證。

這個源遠流長的佛教國度，近代史卻是一片慘烈與動盪。一九五三年脫離法國獨立，成立柬埔寨王國之後，即面對長達數十年的政權更迭、內戰不斷的混亂情勢，直到一九九二年聯合國派遣數萬名工作人員進駐，以及一九九九年赤棉宣告瓦解後，柬埔寨才從百廢待舉中慢慢復甦。

如今，隨著政局與社會的日趨安定，柬埔寨也大量引進外資，促進經濟繁榮，成為東南亞的新興投資點之一。

慈濟與柬埔寨的因緣深厚，慈濟志業在當地的開展，基本上與柬埔寨政局及社會安定的狀況息息相關，大致分成兩個時期：

第一階段自一九九四至一九九七年，慈濟接獲柬國政府求援後，即進行一連串國際賑災，包括提供抽水機搶救秧苗，針對災區發放白米、贈送穀種等，後因柬國又發生政變，政局不穩定而全面告停。

第二階段則自二〇一一年迄今，由出生於金邊的華裔實業家釋順和居中促成。時隔十三年，慈濟人再度踏上柬埔寨，進行急難救助、濟貧發放，醫療義診等；二〇一三年更設立慈濟柬埔寨聯絡點，讓志業得以生根、順利推動。

慈濟基金會於二〇一九年獲得柬埔寨政府核准，立案為境內的國際非政府組織（ＩＮＧＯ），並掛牌為「慈濟慈善事業基金會柬埔寨分事務所（TzuChi Charity Foundation Cambodia Branch）」。

證嚴法師提起與柬埔寨的因緣，始終很感恩早期那三、四年間慈濟人的付出，他們面對危機四伏的賑災工作，在一片肅殺之氣當中，仍然勇猛不畏，常常在發放現場，就能聽見遠處傳來起起落落的砲彈或地雷引爆聲，而且每場發放都需要在政府軍警的保護下才能完成。

「前往賑災的許多慈濟榮譽董事，在付出的同時也見苦知福，啟發悲心，每位都是『由真誠而大愛，由大愛而起勇猛心，入悲門而發大無私的智慧』。」法師讚歎不已。

這當中還有一件格外讓人感動又嘆息的事。慈濟於一九九四年開始柬埔寨賑災，除了緊急發放糧食讓災民果腹，更提供可以讓他們重新耕種的各種器械，如大型抽水馬達、抽水機、燃油、穀種等。

一九九五年四月二十二日，時任柬埔寨內政部副部長的何速將軍一行十一人，即帶著一箱因為慈濟援助抽水機而順利收成的稻米，前往靜思精舍拜會法師，表達感恩。何速將軍對法師說，這些米叫做「香米」，又香又營養，而且蘊含慈濟人的慈悲與大愛。

何速將軍是一位愛民的官員，慈濟贈送第一批發電機與穀種時，何速將軍自己撿寶特瓶分裝燃油送給災民，並積極配合慈濟的賑災行動，安排軍警維護安全，竭盡心力想讓他的國家與人民穩定並復興起來。

原本在他的協助下，慈濟預計為流離失所的災民興建大愛村，柬國政府也提供了一片廣大的土地，可惜柬埔寨內戰烽火再起，何速將軍在前線與赤棉作戰時，不幸往生，慈濟援助工作也告中斷。

這一段插曲，讓人不由得感慨戰爭對人民的傷害，惋惜曾經有過的機會與曙光，徒留一位愛民、知恩的將軍的遺憾。

然而，也因早年埋下的善種子，如今慈濟在柬埔寨辦理大型活動時，總能獲得助緣、順利進行，例如慈濟援建的啟華學校師生，每當慈濟進行義診活動，都會前來擔任志工協助翻譯，讓醫護人員能順利為病患診治。

法師思及這段過往，曾對眾人開示：「時代的見證，人間的歷史，歷歷都是悲歡離合，真的很感慨！這都是過去，時間不斷在分秒中過去，永遠都不夠用，大家好好多用心、要把握時間。」

他進一步鼓勵慈濟人：「『德不孤，必有鄰』，只要心正、做對的事情，必定有貴人相助。」觀念正確、步步踏實，會合眾力一起做人間善事，慈善工作才能永續。

做大事同時也立大願

歷經大陸賑災、柬埔寨賑災、印尼義診等行動的洗禮，杜俊元確實有了更深層的轉變，「參加國際賑災之後，才感受到什麼叫真正的歡喜；追隨上人之後，才引發我對生命的尊重。而且慈濟的法門就是實踐，光用聽的或只捐錢是不夠的，只有進來做才能體悟。」

他也漸漸體會到法師第一次見面對他說的話，原來，事業和志業真的是可以並行，重點在於是否願意去付出！

「和一般做生意不同，做志業是無所求的，沒有期待就沒有煩惱；尤其賑災時，看到受助者那感動的眼神，就會心生歡喜與感恩。這種感覺跟金錢沒有關係，和致贈的物資多寡也沒有關係，就是一分單純的歡喜。」

後來，杜俊元也受邀到包括政治大學、銘傳大學、慈青營隊等場合演講，他總是鼓勵年輕學子發揮所長、盡己所能，兼顧學業與志業，為社會注入更多年輕的力量。

他以自己為例，從小所思所想的「立大志、做大事」，敦促著他走出後山，一步步在學界有所成，在企業界有所累積，這是很好的動力；但在慈濟團體裏，證嚴法師常鼓勵大家的是「發大心、立大願」。

「兩者是有差別的，前者多為一般人所追尋，但心中仍免不了對功成名就的期待；而後者，是很多慈濟人所追求的，是完全利他，因而力量更大、煩惱更少，能成就的善行也更多。」他提到，慈濟能從臺灣的花蓮一隅，遍及世界地球村，最重要的就是法師帶領大家一起「發心立願」。

他見到很多志工為志業忙得腳不沾地，臉上卻仍掛滿笑容，說不累是騙人的，但累的是身體，精神卻很歡喜，往往回家一躺下就睡著，一如法師所說的「忙人無煩惱、忙人無是非」。

「一個人的覺悟，跟年齡或成就沒有關係，重要的是他願意去行動與付出。」杜俊元曾感嘆自己年紀大了才接觸慈濟，特別建議年輕人——不一定要等到成就大事業、賺到大錢，才開始想到做善事，任何時候都可以培養一顆慈悲的心，將服務人群做為人生的目標。

「只要發心立願，動力會完全不同，生活也會輕安自在。如果只想到追求名利，心中難免苦惱叢生。」「不要太計較短程的利益，應該從年輕時就廣結善緣，生命也會因此更加寬廣。」他殷殷期盼。

剛參加慈濟活動時，杜俊元以企業經營者的角度來看這個團體，覺得：「怎麼有點亂七八糟？做事好像很沒有章法，明明十個人可以做好的事，卻有二十個人去做，這樣怎麼會有效率呢？」

但他靜靜觀察，發現這個團體亂中有序，或許起初看著有點亂，但無論事情有多繁雜、任務有多困難，大家都會去協調，最終也都能及時將事情圓滿完成；而且藉由更多人的參與，也成就更多的善心。

他才明白，慈濟是一個志業體，不是一般的事業體，不能以企業的效率來評量。

「就像上人說的，我們不能斷人家的善根和善念，願意進來做好事的人，我們都歡迎，不能拒絕，這樣才能把愛的種子播撒在對方的心中。」像大海包容百川，這是慈濟很可貴的地方。

事實上，很多企業家都很樂意贊助慈善工作，但他們必須找到信任的管道與團體。杜俊元事業有成之後，也曾經想過自己成立慈善基金會，為社會公益做一些貢獻；但深入慈濟之後，發現濟世救人的工作，更需要志同道合的團隊齊心協力，才能發揮加乘的效益和良能，而慈濟已經珠玉在前，自己根本不需要多此一舉。

「慈濟長年累積的公信力，足以吸引眾人的支持，而且只要跟著上人的腳步，就可以走得更遠更廣。」杜俊元認為，深入慈濟，其實也是一種修行，會油然而生包容和與人為善的心念。

「這裏是一個很好的磁場，很大的熔爐，許多人進來之後，會漸漸自我管理，原本不好的習性就慢慢被磨掉了。」這樣的轉變也展現在杜俊元身上。他過去是律己甚嚴的人，對別人的要求也高，常常給朋友和下屬很多壓力。但隨著在慈濟的潛移默化，心境不一樣了，跟人的應對和態度也不同。以前覺得員工不用心、不動腦筋，明明很簡單的事也想不通，後來他學會善解與包容，想到：「如果要求每個人都跟我一樣，那他們自己去當老闆就好了，何必來當我的下屬。」

心念一轉，他感恩員工把寶貴的人生與青春奉獻給公司，並用更耐心的方式來帶領及指導同仁。「你用感恩心來看待員工，無形中就是一種尊重，他們也會對公司產生歸屬感，願意跟著你一起為前景打拚。」幾年下來，公司的業務果然蒸蒸日上。

和孩子之間的相處也是，原本兒女都覺得他是一位嚴肅的父親，平日又忙，除非重要大事，否則很少找他討論。慈濟醫學院創辦之後，杜俊元與楊美瑳也擔任學生們的懿德爸爸、懿德媽媽，即孩子們的生活輔導，指引他們待人處事、陪伴他們一起成長。

過程中，他發現要跟孩子互動，最好摒棄自己是長輩的作派，保持亦師亦友的態度，相處起來就會很融洽。他把這樣的體悟帶回家中，放下嚴父的身段，改當孩子們的朋友，果然拉近和兒女之間的距離。

找回塵封已久的赤子心

一九九五年，杜俊元的心臟又出現問題，楊美瑳的二姊夫提醒他，如果不做心臟冠狀動脈繞道手術，未來就等於抱著一顆不定時的炸彈，於是他決定要接受手術。

手術完成後在恢復室時，他經歷一場奇妙的際遇——整個知覺彷彿在空中盤旋，浮蕩而飄飄然當中，似乎看到一陣白光，聽見很悅耳的樂音，讓人想向著光源一直走去……幸好心中一驚，才從這種有如經歷死亡的感覺中抽離。

這段深刻的體驗，讓他認知到從今以後的每一天，都是老天爺多給的，他要抱著感恩的心繼續去付出。

「我對很多事情的看法都改變了，只想好好利用生命的價值，做好該做的本分事，其他的盡量不去計較。」「把握當下，照顧好當初發願的那顆心；定期健檢，生病了就交給醫師，那樣就可以了。」他對生命的長短趨於淡然，對生命的價值卻更積極，也更能理解法師堅持在花東蓋醫院的心念。

手術後休養那段時間，他躺在病床上細細回顧法師的教誨，忽然察覺他這輩子一直在壓制情感和情緒。這或許源於小時候得知自己是養子的身分，以及嚴格的自我期許，總覺得人生在世，就是得做出一番事業，才對得起父母、家庭和社會。

也因為目標明確，他需要心無旁騖地勇往直前，只能極力控制自己的情緒以不受干擾，久而久之，這也成為他唯一知道的生活方式。然而，這並不是一件很好的事，身體狀況的反撲，證明了這一點。

證嚴法師第一次藉機教育杜俊元，是在一九九四年八月的高雄岡山水災之後。因颱風引發的水災發生時，杜俊元和楊美瑳剛好在美國，無法像高雄志工一樣立即投入救災工作。回臺之後，法師行腳至岡山，要去探視慈濟的照顧戶，杜俊元也隨同前往。

「在照顧戶家裏，師父很自然地問候大人和小孩，態度上流露著一股大地慈母般的疼惜之情，我突然感動得想哭，偷偷跑到旁邊去掉眼淚，不好意思讓大家看到。」那是杜俊元釋放情緒的開始。而躺在病床上反思的他，也終於領悟到，師父是在啟發他的愛心和慈悲心。

一九九六年慈濟三十周年慶，杜俊元到花蓮靜思堂參加活動，當日因故有點遲到，進去時，聲樂家簡文秀正要演唱〈感恩的心〉，「聽到第一句，我的眼淚就掉下來，怎麼擦都擦不乾。覺得很不好意思，年紀這麼大了，怎麼還哭個不停。」

杜俊元自己也深感納悶，這首歌在電視播放日劇《阿信》時，早已聽過不知多少遍，都沒什麼感覺，為什麼這次會這樣震撼、甚至感動到落淚呢？想不透的他，後來去精舍時特地請示法師，法師告訴他：「因為那個時候，你的心中充滿了感恩、充滿了愛！」

再來是一九九九年九二一大地震後，美國慈濟人在西雅圖舉辦募款餐會，杜俊元和知名歌手殷正洋坐在飯店的主桌，那天晚上殷正洋唱起〈西風的話〉，在渾厚而充滿情感的歌聲中，他又不知不覺落淚了，這次不用法師教誨就知道原因，想到遭逢世紀大災難的故鄉臺灣，看到西雅圖慈濟人為臺灣那樣奔走募款，全力投入與付

二〇〇二年五月二十七日，杜俊元與楊美瑳前往大林慈濟醫院擔任志工。
（攝影／阮義忠）

出，怎不教人心裏充滿感恩和愛呢！

他回憶自己的前半生，從年少到臺北讀建國中學起，有二十七年的時間，他不曾掉過一滴淚，包括父親往生時，他也是強忍著悲痛處理喪事，堅強地不讓眼淚落下。

這副鐵石心腸、硬漢作風，支撐著他從艱難創業到事業有成，「然而在深入慈濟之後，我已經可以讓情感自然流露了。」慈濟這個大家庭，讓他學會情感的領悟和表達，在包容善解別人的同時，也開始學著對自己寬容，找回塵封已久的赤子之心。

柔和質直者　慈濟委員　飛天

諸有脩功德　柔和質直者　則皆見我
身在此而說法……

《法華經》〈如來壽量品第十六〉

第六章
重要時刻　貢獻力量

雖是由楊美瑳領進門，但杜俊元在慈濟裏的精進付出和所發揮的生命價值，卻是深遠而非凡的。

一方面，他親自撥出時間與精力參與；另一方面，因著他個人在社會上的傑出身分以及良好形象，連帶讓各界對他所致力護持的慈濟，有更多了解及正向觀感，充分發揮身為公眾人物及意見領袖的影響力。

科技傳法 引領前進的力量

慈濟每個發展階段需要他的時刻，杜俊元也總是勇於承擔。

在醫療志業上，他曾受邀擔任過兩任慈濟醫療基金會的董事，尤其在歷經幾次病痛後，更能體會證嚴法師建立醫療體系的苦心與大願。

他曾謙虛地說，因為本身不是醫療專業，能參與的部分不多，「但我們著重在關照醫護人員的待遇、身心健康等層面，希望將他們照顧好之後，他們可以盡心盡力去服務病患。」

他和楊美瑳也時常去花蓮及大林慈濟醫院當志工，即使他是去住院或做身體檢查，只要身體狀況許可，一有空檔，他就會脫下病患服，改穿醫療志工的背心。

花蓮慈濟醫院的志工老兵顏惠美，就曾讚歎杜俊元是很好用的志工，只要來慈濟醫院就會主動向她報到，「分配工作時完全不挑，不論是慰問病人或是送病歷、看守大廳，他都歡歡喜喜配合，並且認真執行。」

他的誠摯與溫暖，也傳遞給醫院的病患。曾有一位堅持不肯開刀的重症患者，在他循循關切、現身說法後，終於想通，願意接受適合的治療方案。

在人文志業方面，他受法師請託，擔任大愛電視臺董事長至今。一九九八年成立的大愛電視臺，是臺灣傳播史上第一個由民間非營利事業組織所成立的電視臺。

成立之時，正是臺灣傳播媒體快速發展的時期，許多報導為博取注意而極盡誇張聳動，是社會不少亂象的根源。法師因此期待大愛電視臺成為一股清流，不僅只是傳播媒體，更是一個「傳法的平臺」，呈現社會的真善美，啟發天下人的善念，傳播愛的種子。

一如法師所開示，「善與惡無時無刻不在拔河，善的這邊力量大一點，就可以勝過惡」、「媒體應如明鏡、如清水甘霖，滋潤心地，長養智慧」。

法師也一再強調，視聽傳播媒體應承擔起社會正義與人間關懷的責任，「期待大愛臺這股人文清流，能讓世界亮起來！」

大愛臺的前身，是一九九五年十二月一日開播的「慈濟世界」節目，那時還是借用力霸傳播（現為東森電視臺）的U2頻道播出，每天三時段、每次一小時，包括攝影棚、錄製設備及剪接機器也是向力霸集團商借。

辦公室從在臺北市忠孝東路的慈濟臺北分會五樓小空間，到租用公共電視大樓、南港中視大樓，一直到二〇〇五年搬進關渡慈濟人文志業中心大樓，並以自主研發的「整合式低造價電視影音圖文採編播存系統」，拿下第四十屆金鐘獎「研究發展獎」，成為全臺第一家全數位化電視臺。

大愛電視臺身為非營利組織，不接受商業廣告的託播，資金來源有三分之一為慈濟環保志工從事資源回收所得，其他則來自大愛之友、企業公益贊助以及個人捐款等。

值得一提的是，大愛電視臺製作的〈大愛劇場〉，都是取材自真實故事，即使沒有當紅明星、沒有重金宣傳，卻仍以樸實溫馨的內容，闡揚人性的美善，因而大受歡迎，成為戲劇界的清流。

事實上，大愛電視臺的成立，並不是一味追求「收視率」，而是希望閱聽大眾接收到正向資訊，進而產生好的「影響力」。

透過大愛臺，證嚴法師的開示可以傳達到無數的國家與家庭，直入全球弟子的心中。即使法師從沒離開過臺灣，他的理念也得以廣為世人所知；慈濟志業的相關訊息、全球慈濟人的善行，也可以透過衛星螢幕傳遍世界，激發更多善的循環。

利用科技傳法將愛延續，成為引領海內外慈濟人前進的一道明淨光。

至今二十多年，科技不斷進步，傳播方式也不斷演化，大愛電視臺的初衷卻始終如一。杜俊元秉持佛心師志，擔任大愛電視臺董事長期間，每週固定從高雄北上開會，他抱持謙虛低調的態度，非常尊重媒體同仁的專業，有時僅是坐在一旁聆聽、會議上少有發言，卻是一股安定的力量，而且他從不遲到或缺席，直至近年健康狀況不允許才暫停。

他珍惜每一位同仁，也對大愛電視臺深感驕傲，「大愛電視是有信念的電視公司，同仁們有志一同，今生有緣就好好一起努力。」「我們或許不如其他電視臺的人員眾多、經營得熱熱鬧鬧，但我們長遠的影響力、對世界的影響力，卻是勝過很多人的。」

曾有幾次社會大眾對慈濟產生誤解，杜俊元認為，慈濟的理念與做法，往往需要實際去做、去深入才能真正理解，外人若是只看到皮毛，一有問題就人云亦云，或者沒有第一時間獲得解答，就會各自發想，「如何透過大愛臺等慈濟媒體，讓大眾能夠聽得懂、聽得進去？如何才能一傳十、十傳百、百傳千？這就是挑戰。」

善緣匯聚 有家才有歸屬感

慈濟在高雄地區的發展，最早起於一九七一年，從南高雄開始，但直到一九九四年才有第一個會所——位於九如二路一百五十號的高雄分會。接著位於愛河旁、河堤南路的高雄靜思堂於二〇〇六年落成之後，高雄慈濟志業的發展又邁向另一個階段。

而一路護持、讓高雄慈濟人的家得以蛻變成型的主要人物，就是杜俊元和楊美瑳。

回顧早期，由於沒有固定聚會的場所，慈濟委員們要討論事情，大多輪流去各組長的家，或者誰有比較大的場地就發心提供，形成「你家我家都是慈濟人的家」這個溫馨有趣的現象。

包括陳利雄位在鼎山街的房子、施清秀的愛河旁住所，都曾是共修處與聚會所。然而隨著慈濟會務的擴展與會員的成長，一個固定的、屬於慈濟自己的道場，成為大家共同的想望。

當時，高雄慈濟人蔡榮東每個月都會回靜思精舍十天，進行心靈充電之旅。有次告假時，法師突然指示：「回去留意一下，看看是否有合適的據點，可用作高雄慈濟人共修聚會的所在。」

從事房地產的蔡榮東回高雄後，就開始騎著摩托車四處看地，後來找到九如二路、龍江街口一棟十八層建築物的三、四樓，覺得應該很合適，就回報當時擔任南區第一屆榮董召集人的杜俊元。

那棟大樓是京城建設蔡天贊董事長所有，杜俊元直接拜訪蔡天贊，告知慈濟想購買這處地點的三樓及四樓，做為社會公益使用。但對方回覆，他們留下的樓層是預計要開證券行用的，所以才一直空著沒有動。杜俊元也知道對方公司的財務很健全，並不急著販售。

「是否可以幫幫忙，讓我們有這個機緣，接下這個地點呢？」杜俊元誠意十足，且又是公益使用，蔡天贊考慮之後同意出售，而且原本每一樓層僅配備一個停車位，在杜俊元爭取下，對方最後同意提供地下室八個停車位的配置，算是共襄盛舉。

以杜俊元為首的高雄四位企業家，包括蔡榮東、林景猷、顏子傑，共同集資購買會所的資金。他們的拋磚引玉，也讓其他人發心成就裝潢工程等費用。

一九九四年五月，證嚴法師行腳來到高雄，特地前往分會預定地參觀，雖然還沒有開始裝潢，但看到兩個樓層合計近八百坪的空間，既明亮又寬敞，很欣慰地對杜俊元一行人說：「很高興我們終於有一個家，雖然還沒有裝修，卻已覺得很有歸屬感，感恩大家的用心。」

從洽談、護持到裝潢，杜俊元全程參與，法師提醒要注意的採光、通風、安全等，高雄慈濟人也細心遵循。

杜俊元等人還特地組成專責小組，到慈濟臺中分會、臺北分會觀摩取經，了解空間的運用，回來後就將分會的三樓規畫為行政辦公室、流通處及會議室，四樓則作為佛堂及大集會的場所。

一九九四年十月三十一日高雄分會啟用，「我們的家落成了」、「終於有自己的地方了」，入厝的歡喜展現在每個慈濟人臉上，因為有了這一個家，從此聚會不擔心沒有去處，法師的出版品也有展示、流通的地方，各項演講、活動、發放陸續舉辦。

這裏不只凝聚大家的心，更吸引無數善緣匯聚，原本可同時容納五百多人的場地，隨著每年接引一、兩百位新成員的速度，不到四年的時間，場地又不敷使用了！

隨著加入的志工愈來愈多，高雄慈濟人的動員力量愈大，參與各種急難救助、災難慰撫的機會也大增，不管是救助物資的積存與調度，或是香積組的動員與準備等，都需要專有的空間才能順利運作，於是，尋找一個更大的新會所，已經是勢在必行。

順利取得土地 因緣不可思議

一九九六年初夏，杜俊元、林景猷、顏子傑、江子超四位慈濟人，陪伴證嚴法師去勘察了幾塊地。

到了第一處，法師隨意看了一下，很快就上車走了；第二處位於愛河旁的灣興街，屬乙種工業用地，現場還有兩家大型合板木工廠在作業，周遭則是小型工廠遍布，環境看起來有點髒亂。上人佇立許久，環視一周後，說了一句：「這裏將來會是一個很美的地方。」

陪同的志工們看著眼前亂糟糟的鐵皮工廠跟大煙囪，都覺得不怎麼理想，沒想到法師卻說很好。杜俊元回憶：「說實在的，我也不知道好在哪裏？但上人這句話，我一直記在心裏。」

過了三個多月，擔任慈濟建築委員的江子超，回去精舍報告各項進行中的建築規畫及工地進展，法師突然問他：「溝仔邊那塊地，現在怎麼樣了？」江子超一時沒意會過來，不知法師指的是哪塊地。

回到高雄後，他立刻打電話給杜俊元，杜俊元不假思索地告訴他：「就是愛河旁邊那塊地。」

兩人隨即請在房屋仲介業的顏子傑去打聽，顏子傑速度很快，回覆杜俊元已經跟地主約了會面，細節請他見面再跟地主詳談。

地主李金盛是臺灣有名的蘭花大王，蘭花產業的重要推手，也是位於高雄澄清湖畔正修工專（現為正修科技大學）的創辦人。那時，李金盛已經跟大建商財團談好交易，過幾天就要辦理買賣手續了，但顏子傑略過這一點未提，只是先幫杜俊元與對方居中串聯。

不知情的杜俊元前去拜訪時，李金盛還有點莫名其妙，畢竟他和杜俊元分屬不同產業，之前完全沒有交集，但出於禮貌還是親自接待。

杜俊元一見面就開門見山地說，自己代表一個慈善團體前來洽談，想購買愛河旁灣興街那塊地。

李金盛聽到是要用在社會公益上，心中雖有觸動，但也坦白告知，已經跟建設公司談好交易，而且那塊地是十個地主共同持有，大家都簽好意向書，對方也給了一張一千萬元的支票當訂金，只等下週一支票兌現。

「要說服所有地主改賣給另一個團體，總要給一個充分理由啊！」李金盛最終還是留了一點點轉圜的空間。

杜俊元請對方給他一點時間，立刻趕去靜思精舍請示法師。法師一聽到價位，只說了一句「很貴」，並沒有任何指示。

杜俊元又問：「師父不是覺得那塊地很漂亮？是不是指示一下，接下來要怎麼做？」法師還是說：「很貴！」

杜俊元告訴法師：「現在時間上有點緊迫，如果不趕快做決定，未來要再取得，可能會有困難。」過了一會兒，法師才說：「你們再看看要怎麼處理。」

杜俊元知曉法師鬆口了，便告假趕回高雄，並和李金盛約見面。他心裏想，既然要做社會公益，對方又和人家簽了意向書，總要有點誘因，才能說服其他地主。

沒想到，原先的買主建商財團，得到杜俊元加碼的消息，也跟著加價。但由於對方需要以土地抵押貸款，才能分期付款給地主，而杜俊元應允的是現金分期付款，又是社會公益用途，最終獲得地主們的認同，順利在一九九六年八月簽約。

不久，慈濟基金會副總執行長林碧玉也特地來看這塊地，丈量之後覺得相對於縱深，只有八十九公尺的門面，開發起來氣勢怕會有點不足。

杜俊元聽了進去，又去找旁邊的地主，一點也不拐彎抹角地與對方洽談，想比照之前的價位買下他的地。對方要求以現金一次交易，杜俊元慨然應允，這塊大約四千坪的土地併進來後，才有今天一百四十公尺的面寬。

總計高雄靜思堂占地一萬兩千多坪，市價約十五億元。那時正值矽統科技要上市，身為大股東的杜俊元與楊美瑳，必須釋股給投資大眾，身邊剛好有一筆錢。

楊美瑳提議將這筆錢捐出，做為高雄靜思堂的購地資金，杜俊元一聽就說好，兩人都是有心人，如此才有機會將地買下。

事後，杜俊元回想整個洽商過程，用了一句「不可思議的因緣」來概括。首先，如果不是顏子傑告訴他已經和地主約好，他不會貿貿然跑去和對方洽談；再者，「李金盛先生是地方上有頭有臉的人物，重視言而有信；那時他已經和原先的買主談好了，如果知道我是要跟他談土地買賣的事，他根本不會答應見我。」

「最奇妙的是，上人為什麼剛好在那個時刻，問起那塊地的事？如果拖上幾天，那塊地就是別人的了；但如果再更早一點，也不太可能，因為那塊地總共有十個地主，要買就得分別跟十個地主打交道。」杜俊元坦言，買賣土地那麼複雜的事情，他其實沒有把握能談下來。

「只能說因緣真的很好。」杜俊元去洽談時，所有地主都已跟原買主談好、簽下意向書，省卻了第一階段議價協商的拉鋸過程，才有了這後續的好結果；加上矽統科技上市，讓他們手上突然有一筆現金，「如果不是這個時間點，這樣的機緣，我們即使有心要捐這塊地，也不一定有能力做到。」

種種因緣巧合串連一起，才讓杜俊元感覺真的不可思議。而在最後一筆購地款項付清之後，李金盛的夫人也告訴他一件奇妙的事。在答應把土地賣給慈濟之後，第二天一早，她在家中就聞到一股清香，久久不散，她和家人到處找，也沒見到附近有人在燒香，但這股清香卻在她家縈繞了一天……

土地成交之後，李金盛幫家人捐了三個榮董，女兒、女婿後來也投入慈濟，都是非常付出的慈濟委員。

錢多錢少不重要 心意無價

購地交易確認後，杜俊元和楊美瑳隨即回花蓮向法師報告細節。法師對於進展順利感到欣慰，但對於他們想發心購地一事，並不同意。楊美瑳很堅決地說：「上人，我的就是您的！」把這件事情落定。

楊美瑳從踏入慈濟，一看到法師就很想親近，身邊有多餘的錢，也會很想捐給慈濟。

她自己分析：「可能是年輕時父親幫人作保，導致家道中落的關係，所以我這個人很怕沒錢。」話鋒一轉，又說：「可是我不會很愛錢，也不怎麼會花錢。所以，如果手上有閒錢，正好有機會做好事，就會想捐出去。」

「我覺得這對我的生活沒影響，也不會想著自己多有善心。」因為這分自在，反而顯現出楊美瑳骨子裏的善良，以及自小想照顧、幫助人的本性。

杜俊元也表示：「財富對我來講，重要的是使用權，我的觀點是夠用就好。」但什麼是夠用呢？「那也是見仁見智，有人覺得有一個小平房棲身就很滿足，有人坐擁高樓大廈還深感不夠，這一切都是由心生。我們跟著上人深入修行之後，才有這樣的感悟，會捨去很多不必要的東西。」

一九九八年年初，杜俊元購地捐贈慈濟的消息，被媒體披露。那時二兒子杜紹民還在美國上班，消息傳到美國的第二天，他一進辦公室，許多同事攤開報紙，問他：「你有沒有覺得你今天失去了什麼？」

他回應道：「我父親這樣做一點都不奇怪，他把錢當作一個橋梁與工具，去做更多很好的事。」

事實上，早在一九八九年，杜俊元就曾召開過一次家庭會議。那時，微軟的創辦人比爾・蓋茲剛宣布，未來只留給每個子女一千萬美元，其餘將捐給慈善機構。

杜俊元與楊美瑳獲悉後，深感認同。他告訴孩子們，同樣會給他們一筆錢，「但以後我跟你們媽媽名下的資產，將會全部拿去做公益。」孩子們都尊重他的決定，讓他備感欣慰。

「我真正的用意是，財產這個東西，生不帶來、死不帶去，孩子們要自立自強，有能力自己去打拚，自己創造財富成為企業家，而不要光想著靠祖產。」幸而孩子都能體會他的苦心。

當購地捐給慈濟的新聞傳出，杜紹民就想到這跟他一直以來所認識的父親是一致的，「我很認同爸爸的價值觀，我們身為子女，本來就應該去創造自己的未來。」

從小聰穎早慧的杜紹民，從來不覺得祖產應該要留給下一代，他也不會清高地認為自己不需要錢，但是，「那些財富聚集在這裏，從來就不是我的，而是父親一路奮鬥出來的。」

善於思考的他一直認為，如果把財富貼上自己的名字，握在手裏死死守住，那財富就會變成一灘死水，「父親從來沒有把財富變成死水過，他也不會用在自己身上，幾十年來，我還真的沒看他享用過呢！」

杜紹民再次強調，父親將財富當成很好的橋梁，在他手上可以發揮更多效益、完成更多事，最重要的是，「他所做的事情都是為他人，沒有一件是為他自己！」他深以父親為榮。

在杜俊元之前，很少有企業家一次就如此大手筆的慈善捐贈，獲得的關注度自然很高，各界也給予極高的評價，認為他為社會注入新的價值觀。但鋪天蓋地的報導，卻讓他疲於應對。尤其媒體稱呼他為「杜大善人」，讓他深感困擾：「做善人已經很不容易了，我哪夠資格做大善人！」

他很不以為然，卻沒辦法辯白，因為怕愈描愈黑，好像在標榜自己。有苦說不出的他為了不讓媒體曲解，只好說：「大善人不值錢，像證嚴上人那樣的大菩薩才有價值！」

他也一再強調：「許多人是用生命在做慈濟的，他們投入非常深，卻沒沒無聞……我覺得很慚愧，明明好多人做得比我們多，但我們獲得的讚許卻遠超過他們，真的很懺悔。」

然而，在一片讚歎聲中，也不免幾許雜音，有人質疑為什麼不把錢分給員工？杜俊元澄清，他捐出去的都是他私人的資產，未曾影響到公司及員工的權益。性格果決的他說：「一旦決定了，我就會去做，不會在乎別人想什麼；如果真的有做錯的地方，那我就修正，但這件事明明就是對的啊！」

他以法師的《靜思語》「不要拿別人的錯誤來懲罰自己」自勉，把那些無端的揣測都放到一邊。

第二年一九九九年，杜俊元又捐出價值十三億新臺幣的矽統科技股票，消息一傳出，又登上報紙頭條，一大堆媒體要來訪問，但這次他學乖了，消息曝光第二天就跟楊美瑳飛到美國去了，免得又被追著跑。

經過兩次媒體帶來的注目與壓力後，杜俊元更警惕自己：「付出要無所求，而且要做到不起煩惱。」

在他看來，錢多錢少並不重要，重要的是那分心意，「捐一百元也是無窮的善念，大家都是平等的。我能做的，只是盡量維持心無罣礙、輕安自在。」

「當團隊提出可以達成的願景，我一定全力配合；該做、能做的事一定去做，該做但不一定能做的，量力而行就可以了。」沒想到的是，後來許多國際投資案都指名要找他合作，他想或許這就是人家常說的，無形中的回饋吧！

菩薩雲來集　共修共成長

由於規畫與建設無法在短期內完成，高雄靜思堂預定地先以鐵皮建築搭蓋臨時會所，慈濟人開始匯聚在這裏，多場大型活動在此陸續舉辦，大家的心也因為新的願景而凝聚。

二〇〇一年一月，證嚴法師代表慈濟，與高雄市長謝長廷簽訂開發議定書，預計成立全臺第一個社會福利專區，也是全臺第一個慈濟志業園區，提供社會福利服務，發揮社會教育良能，奠定高雄靜思堂的發展基調。

高雄靜思堂由沈芷蓀建築師設計，經過二十幾次修改定案後，於二〇〇二年十一月二日進行動土典禮。

當天，司令臺蓋成靜思精舍的樣子，整個會場熱鬧非凡，杜俊元被視為高雄慈濟人的大兄長，領著江子超、顏子傑以及沈芷蓀建築師等人，扛著靜思堂的模型，由會場走向司令臺前，短短的路程，卻是在地志工多年的想望。

看著莊嚴典雅的模型，多年前法師初臨此地，那一句「這裏將會是一個很美的地方。」終於在眾人心中具體成形。

隨後展開的工程，也將慈濟的工地文化徹底落實，除了對施工品質與安全的重視，環境也維持得整潔又清淨，並提供素食。志工們也鼓勵包商及施工者在工地不喝酒、不抽菸、不嚼檳榔、進行垃圾分類、使用環保碗筷等，一切井然有序。

原來早在之前，高雄所有的幹部就包遊覽車前往潭子慈濟園區、新店慈濟醫院等工地觀摩，期望讓人來到這裏，都有家的感覺。

歷經三年多的建設，高雄靜思堂終於在二〇〇六年四月二十一日啟用，一如法師所期許：「建設靜思堂，並非蓋寺廟，而是作為社會教育的道場，是人間菩薩道場，使菩薩雲來集，常在道場聚會共修、彼此勉勵。」

此後，這座莊嚴的道場，成就無數利益人間的善行。

智慧不思議　　慈誠隊員　飛天

巨身大神通　智慧叵思議　其志念堅固　有大忍辱力　眾生所樂見……

《法華經》〈從地涌出品第十五〉

第七章　以誠信化解事業危機

像杜俊元這樣，念書時一路考試都是狀元，創業後也成了兩家上市公司的大老闆，歸因於天資聰穎、性格堅毅外，他還有另一個特點，就是自信十足。「在美國念書時，除了因個性早熟而獲得『老杜』的稱號外，同學們還常叫他『杜信心』，因為他很有自信，覺得自己的想法都是對的。」楊美瑳好氣又好笑地說。

這分自信讓他取得學術專業的成就，面對創業的挑戰也游刃有餘；但另一方面，往往也會有失察或低估風險的情形。楊美瑳的父親就曾提醒她：「美瑳，你要多注意，他太過有自信了，這對事業來說，不是太好的事。」

面臨倒閉　主事者責無旁貸

一九八七年，杜俊元為了專心養病，從公司經營的第一線逐漸淡出。接下來十餘年，正值臺灣科技產業發生重大變化時期，後起之秀紛紛加入，他雖是先行者，卻非這個領域的龍頭老大，華泰與矽統皆是以穩定的步調經營為主。

二〇〇二年，對杜俊元及楊美瑳而言，是變化劇烈的一年。杜俊元在這年八月因攝護腺癌前往花蓮慈濟醫院接受放射線治療，住院期間，他察覺華泰電子公司出現財務問題。

他已退居二線十多年，公司主要由經營團隊打理，但主事者誤判景氣，大舉擴充產能，導致華泰債臺高築，一度面臨倒閉危機。在銀行和客戶的要求下，他重回公司，帶領團隊迎向風雨飄搖的前路。

當時證嚴法師給他一句話：「人生來去一場空。」他領略後，馬上處分掉矽統的股份，全心全力救華泰。

由於他還是矽統的董事長，不能兼任華泰董事長，因此與楊美瑳商議，請她出任董事長，而他則回任華泰的總經理，他們將所有身家、定期存款拿去抵押給銀行，才讓公司順利獲得貸款。

日後，萬一華泰真的倒了，所有抵押的財產全部歸銀行，杜俊元將會一無所有。有人笑他們傻：「何必這麼辛苦？就學那個某某某，把爛攤子丟下，拿著錢跑出國啊！你們這樣整個賭進去，還不一定活得下去呢！」

對方說的是事實，也是很多倒閉者的常態，但人格特質與價值觀最大的不同，也是從這裏看出。杜俊元的回答是：「我不知道救不救得起來，只知道我不親自下去一定會垮，所以我得下去，而且我也不做那種落跑的事！」個性正派的杜俊元選了一條艱困的路，但他不曾猶豫。

楊美瑳也說：「擺爛確實是一種方法，但我們是慈濟人，一直遵守『誠正信實』，不會做這種不忠不義、危害慈濟名聲的事，問題既然遇到了，就是努力去承擔而已。」

她補充，還好走進慈濟，在法師薰陶下，坦然接受各種狀況，也就是明白因果觀──命中有的就會有，命中若是沒有，包括利益、包括事業，就無需多妄想，否則到頭來還是一場空。「你逃到國外試試，非但名聲不好，往往也沒什麼好下場。但如果你認真面對，老天總會給一條路走。」

杜俊元反省，他最主要的錯誤是風險控管的工作沒有做好，缺乏得力助手幫忙分析風險時勢，碰到經濟快速反轉的時候，就容易出問題，而且他之前給予經營團隊的空間也太大了。「無論如何，今天公司有危機，我身為主事者就應該負責，因為自己的警覺性不夠，對部屬督導不周，所以我責無旁貸。」

上市公司是有社會大眾支持的，要對員工、股東、客戶和社會負責；若是私人公司，倒了就倒了，「但華泰不能這樣，因為是從社會大眾集資來讓自己壯大，人家買你的股票，你做到無法收拾，讓股民的投資變壁紙，讓員工白做，這樣對整個社會沒辦法交代。」杜俊元心中自有一把尺。

以誠以信 爭取協商空間

不過，一開始面對銀行團的協商過程，杜俊元回想起來還是有點好笑。那時是去到臺北，幾家銀行一起會談，他們一開始就要杜俊元還款，他想著，我就是要貸款救公司了，還要抽我銀根，這怎麼談？

他乾脆說：「好吧，要我還款的話，我就把公司的財務全部交給你們，讓你們自己去管好了。」

幾家銀行的大老闆們一聽，認為還是要交回去給杜俊元處理才妥當，雖然討論過程很激烈，堪稱火花四射，但杜俊元忍氣吞聲，還是為公司爭取到了生存空間。

他不敢讓楊美瑳知道這些過程，就怕她難過受不了。這種一般人感覺有點羞辱的場面，杜俊元卻覺得：「這哪算得上什麼羞辱？命都顧不了了，還去想這些雞毛蒜皮的事，活命才是最要緊的，活下來才有希望！」

「我們爭取到的每一步，都是用老命換來的、在地上掙扎爬過來的，沒爬死才算成功。」那時代闖過來的人，有種頑強的生命力，像是掙扎破土的野草，只要有機會就會向天空竄去。

有人替他覺得委屈，他卻說：「我不是委屈，我是活該！誰叫你要創這個事業，要怪就怪自己沒能力。所以，我一點都不委屈，我應該要自我檢討。」理性剛正得不得了，卻在無形中傳遞一股不認輸的豪情。

和其他客戶及供應商的協商，又是另一種挑戰。他親自跟大大小小六百多家供應商一起開會，向他們做整體彙報，告知華泰接下來的規畫，以安定大家的心。

隨後，又與幾個大供應商的老闆一家一家談條件，或是讓華泰延後付款，或者請對方融資，幫華泰度過難關。連機器也是請外商先給，一送來就馬上投入生產，公司再開支票給對方慢慢兌現。

整個就是用他個人過去的信用，請人家通融及幫忙，「幸好大家最後都買了帳，讓我走了過來。」他萬分感恩。

從二〇〇二年一直到二〇一三年，整整十一、二年的時間，他坐鎮在華泰全心投入，也不敢出國，就怕人家誤認他要落跑。期間，只去了中國大陸兩次，為公司爭取訂單與機會。

他每天與員工一起上下班，吃的也是員工餐廳的素食餐，每當開會談起公司未來的遠景，總是充滿自信與幹勁，無形中也鼓舞大家對公司的信心。

不過，與他相熟的人都知道，如果不是為了社會責任，以及顧念四千多名員工的生計，他其實最想做的，還是慈濟的公益志業。即使必須花很多心力在公司上，杜俊元還是在同時間兼顧高雄靜思堂的建立與後續運作，以及大愛電視臺董事長之職。

風雨飄搖的十餘年，堅強如他，偶爾也有脆弱的時刻，每當壓力大到幾乎無法承受時，他會跪在公司的那尊釋迦牟尼佛的琉璃佛像前，請佛陀賜給他信心、毅力和勇氣，讓他可以堅持下去。

有人曾問他，如果公司救不回來，有什麼打算？「救不回來就是破產而已。若是到了一無所有的那一天，我就繼續做慈濟！」

「對我而言，最重要的是問自己，一路走來是否問心無愧？只要無愧於心，就算最後真的一無所有，都是一種解脫；即使會有排山倒海的壓力迎面而來，但至少不會有罪惡感。」他坦蕩蕩地回答。

其實杜俊元並不孤單，在他的背後有滿滿慈濟人的祝福，甚至可以說慈濟是他無形的後盾。「我始終都在做慈濟，大家對我的信任度也很高，否則別人看我的公司情況那麼糟，根本沒有存活的條件，怎麼會願意跟我們打交道？更別說是投資支持了。」

不管是跟銀行協商或跟供應商洽談，杜俊元講的話都很有分量，因為大家在他身上看到誠正信實的展現。

還有，阮義忠在二〇〇二年幫杜俊元與楊美瑳書寫了一本《看見菩薩身影》，記錄他們參與慈濟、一路付出的歷程，這本書也幫了他們一個大忙。

有一次，銀行的人來到家裏，討論貸款事宜。在生意走下坡的情況下，不被抽銀根就很萬幸了，要再談貸款真的很難。

銀行的人說要回去再評估，楊美瑳在他們臨走前送了這本書，不久之後，就傳來貸款成功的消息。

「可能他們看了之後，覺得杜俊元這個人真的不錯，而且理解到這種辛苦的局面，不是他故意造成的，他會勇於承擔，不會像有些人倒了帳就跑。」楊美瑳說。

力挽狂瀾 只求無愧於心

原本是在家帶三個小孩的家庭主婦，一夕之間被推上職場的頂端，楊美瑳就此在華泰當了整整十年的董事長。

她不是電子產業出身，戲稱自己在華泰就是負責蓋章的，不過只有經過她的批准，公司才可以去進行採購或做大型規畫。十年當中，在她手下也蓋了兩棟大樓，算是有所貢獻。

每天她先做完家事，然後固定去上班，看到營運報表不理想，就會念一下杜俊元：「你怎麼會做到這樣子啦！怎麼會這樣不賺錢啊！」

楊美瑳也只能嘆氣，「就像我父親說的，他人力單薄又過於自信，沒考慮量力而為，加工廠已經很難經營，他又去成立一個矽統公司。」導致到最後真的是舉步維艱，幸好，沒走到彈盡糧絕那一步。

楊美瑳分析，杜俊元總認為自己不會有錯，當做下決定卻發現出問題時，他也只能「矜住（閩南語，意為硬撐起來）」，因為他是一個非常有責任感的人。然而，重重壓力之下，身體就容易有狀況。

「他的免疫系統不好，就是因為個性太悶、太壓抑，很多事情都自己扛著，情緒沒有出口，最後影響到健康。」個性的問題要遠溯到成長的環境與氛圍，他從小受委屈無人可訴說，最終養成自己承擔的習慣。雖然進入慈濟後有所改善，但終究非一夕之功，楊美瑳心疼之餘只能多體諒、包容。

這分堅忍展現在事業上，就是公司遇到任何問題，他都選擇自己面對，不會跟妻子抱怨或遷怒，「你只要看他回家坐在沙發上，安靜地都不講話，大概就可以猜到今天不太順利。」楊美瑳已經很習慣，知道杜俊元正在思考解套方法，而且不想讓家人擔心。

唯一例外的只有一次，那天已經很晚了，楊美瑳準備要休息，杜俊元卻靜靜走到她床邊蹲下，對她說了一句：「美瑳，對不起。」

「啊？什麼對不起？」她一聽就感覺大事不妙，能讓他說出「對不起」，本身就是一件很恐怖的事，大概公司真的要倒了！她細細聽他說起公司近況，才知道確實已經快要跌落懸崖——銀行借不到錢，薪水發不出來，就要走不下去了。

當晚夫妻倆一起想辦法，她畢竟也在公司當了多年的董事長，有自己的管道與人脈，兩人思索著可以找誰幫忙，討論明天如何分頭打電話等。討論得差不多，杜俊元準備要休息了，依然焦慮不已的楊美瑳，瞠目結舌道：「這樣你還睡得著？」

只聽杜俊元穩穩地說：「不然怎麼辦？明天再說吧，現在煩惱也沒有用啊！」楊美瑳甘拜下風，「他這個人就是有這樣定靜的修養。認為擔心解決不了問題，所以不用擔心，等要解決事情的時候，再來用心就可以了。」

嚴格講起來，也是因為這樣的心態與氣度，杜俊元才能面對風雪一再襲擊而波瀾不驚，有辦法扛起一家公司的存亡。楊美瑳對此的評價是：「他終究是讀書人出身，不善於做生意，但他的心志與毅力是很值得學習的。」

因為挺住了，即使花了十多年的時間，他們終究迎來柳暗花明，二〇一四年華泰開始轉危為安，擺脫多年的低潮，成功由虧轉盈。

二〇一五年的股東會上，杜俊元報告時表示，該年度上半年獲利很不錯，「這證明華泰是有實力去解決歷史的包袱。」

想起十多年的掙扎與奮鬥，他不禁哽咽：「我把身家性命、財產都投了下去，往後留下的東西，只要夠我生活就夠了。這是我一生最後的任務，我一定會盡量去做，希望可以對得起在座的各位。」

同樣是二〇一五年，金士頓集團宣布接手華泰，杜俊元與楊美瑳得以順利交棒，「要把一個經營四十年的上市公司平安交出來，過程中沒有任何異議與雜音，真的不容易啊！」楊美瑳欣慰又感嘆。

太陽真的從西邊出來了

金士頓創辦人孫大衛，性格豪爽、仗義大方，在美國加州華人界的名聲很不錯。他是華泰的大股東，也是華泰的大客戶之一，很清楚華泰一直以來的狀況。他的朋友曾說過：「要他接手華泰，那是太陽打從西邊出來！」結果，太陽真的從西邊出來了，他答應接下華泰的棒子。

楊美瑳對他的印象是：「他人很 nice，非常重感情！」杜俊元曾在他創業時給予協助，投資過他的公司，杜俊元並不認為有幫上很大的忙。後來，金士頓的訂單交給華泰，杜俊元都會優先幫他處理，互動非常良好。

在考慮交棒問題時，是杜俊元與楊美瑳一起去新竹找孫大衛，詢問他接手的可能性；得到肯定的答覆後，進一步談到股票價錢要賣多少時，孫大衛直接一句：「你們自己開！」

杜俊元和楊美瑳當場愣住，竟然連討價還價都不用，直接交給他們決定。這也顯示一分深深的信任，知道他們的為人，不會胡亂開價。

楊美瑳又驚訝又感動，忍不住問：「你怎麼對我們這麼好？」只見他笑瞇瞇地，很親切地握著她的手說：「因為你呀！」楊美瑳當時還不太明白他的意思，認為對方大概尊重她是長輩吧！

後來才知道，孫大衛的母親因病剛往生不久，看見滿頭銀髮，溫婉慈藹的楊美瑳，格外有感觸；而看著杜俊元以削瘦的肩膀扛了太久，長年抱著病體堅忍地守護公司，也不忍心再看他們那麼辛苦。

「早期的人不管做生意或人情往來，都是會相互的，這就是結好緣。」楊美瑳說，很多事情都是到最後才知道結果，若是平常就多多行善、行孝，抱持善念去付出，不要只想到自己的利益，當哪一天有需要時，就會有貴人出現，像華泰就順利圓滿交棒。

杜俊元回華泰時，他的三個孩子杜紹堯、杜紹民、杜新慧也陸續在華泰協助。看著父親挺過每次風浪，杜紹民也深有所感：「其實從我們學商的ＭＢＡ來看，爸爸遇到的困難是絕對無解的，可是他那種要把沒辦法做到有辦法的態度，會吸引眾多願意幫助他的貴人，就會有好事發生。」「爸爸從沒有喊過苦，他把所謂的苦看作是一種責任，只有做跟不做，這樣的態度，是他最大的力量跟價值。」

金士頓集團是將整個華泰接過去，而且集團的財務比華泰好很多，對股東與員工來講都是好事。交棒後，杜俊元也觀察了一段時間，運轉非常順利，終於徹底放下心來。二〇一六年八月，七十八歲的杜俊元宣布退休，和妻子全面從華泰裸退，完成帶領公司轉型的艱鉅任務。

一路走來跌宕起伏，幾度都以為是絕路，卻因種種善因緣而絕處逢生，杜俊元和楊美瑳自己都覺得不可思議。若是真的要找一個緣由，楊美瑳說：「大概是大家都知道杜俊元的為人，知道他只是經營不善，而不是亂搞才產生問題，這是很大的區別。」

「所以說做人要誠信，他從來不講空話騙人。」楊美瑳表示，離開企業界這麼多年，大家對杜俊元的風評都還是很好，企業界的朋友就曾說過：「杜俊元這樣的人，不幫他一把不行！」

「做慈濟真的很幸福，抱持上人教的因緣觀，隨時轉變心念，無論什麼樣的挫折，都可能出現轉機。」楊美瑳欣慰地說，「至今回想起來，千辛萬苦，千言萬語，都只能化作『感恩』二字。」

大乘菩薩　　慈誠隊員　飛天

若有眾生　從佛世尊　聞法信受　勤脩精進……利益天人　度脫一切　是名大乘菩薩

《法華經》〈譬喻品第三〉

第八章 承擔與傳承

在高雄靜思堂完工前，囿於場地問題，高雄慈濟人若要辦理大型活動或大型營隊，通常得前往屏東分會。二〇〇六年四月高雄靜思堂落成啟用之後，在地慈濟人積累多年的能量，有了齊心匯聚之處，慈濟志業的開展態勢更加飛揚耀眼。

在例行活動方面，包括平日的共修、冬令發放圍爐、造血幹細胞捐贈驗血活動、各種營隊及志工研習課程、海內外慈濟人參訪等，都有適宜的場域及教室可辦理。

大型的朝山活動，也可利用廣闊的大愛廣場、徐緩的迴廊走道，免去過往雨淋日晒之苦，降低對周遭交通及安寧的影響。

這裏，不單單是高雄慈濟人的家，也有利於新志工的接引。對外方面，更擔負起公益團體的社會責任，扮演串連社區網絡、帶動區域發展、發揮社教功能、急難救助動員等多重角色，切切實實不負證嚴法師期許，將慈濟的愛與理念，不斷向外傳遞——

二〇〇七年高雄慈濟大愛托兒所開辦，以愛為宗旨的慈濟完全教育開始扎根萌芽，至今蔚然成林，將美善的種子帶入無數家庭之中。

靜思堂西側的環保教育站啟用後，結合政府的社區照顧關懷據點，有如優質的日間托老場域，鄰近的老人家及志工們，一邊做資源回收、一邊活絡筋骨與腦力，減緩老化的風險。大家每天聚在一起談天說地、相互關懷，對於長者們的社會參與、生命價值的重新定義，有著極顯著的作用。

以綠建築環保工法打造的高雄靜思堂，二〇二〇年元月成為慈濟全臺第一個環保署認證的「環境教育設施場所」，是公務人員、各級學校環教參訪的最佳選擇。

特別的是，除了一般常見的氣候變遷、低碳生活兩大主題之外，這裏還有衍生自慈濟歷年海內外賑災的慈悲科技館，包括回收寶特瓶再製為衣物、簡易淨水設備、三小時內可供應九百份餐食的行動廚房等救災工具及設備，將當代環保新知與慈濟人的實踐經驗加以結合。

這些概念與創意，很多都可落實在日常生活中，創造新穎的環保善循環。

近年成立的慈濟高雄日照中心，位於靜思堂東側三樓，空間優美而溫馨，採取慈善、人文與醫療結合的模式，為長輩提供有溫度的安老環境，子女在照護上可以喘息，讓高雄市的長照服務更趨完善。

其他諸如，辦理照服員培訓課程，增進民眾就業機會，以因應高齡化社會來臨；慈濟大學輔導的志玄教育中心，針對社區民眾開辦各項課程，含括人文、藝術、生活、體能、公益、電腦……琳瑯滿目，讓終身學習與快樂學習成為可能……

歷歷細數，高雄靜思堂的社會功能，可謂發揮得淋漓盡致。

災難中的安定力量

而高雄靜思堂最受外界矚目的，是面對天災人禍等重大考驗時，所展現的強大動員及凝聚力，以及平撫傷痛的安定之力。

二〇〇九年八月父親節前夕，莫拉克颱風侵襲臺灣，破紀錄的降雨量，成為自一九五九年八七水災以來最嚴重的水患，造成臺灣中南部多處淹水、山崩、土石流，路斷屋埋，全臺有六百八十一人罹難、十八人失蹤，其中高雄縣甲仙鄉的小林村慘遭滅村，四百七十四人遭活埋，災情最為嚴重。

其他包括高雄縣的那瑪夏、六龜，屏東縣的林邊與佳冬，臺東縣的卑南與太麻里等地也紛紛傳出重大災情。

面對如此嚴重天災，全臺慈濟人總動員，全面投入賑災行動，離重災區最近的高雄靜思堂，即刻成立防災協調中心，由杜俊元承擔召集人，他每日帶著各組長與靜思精舍連線，聆聽證嚴法師指示，那分沈著穩定，有如定海神針般安撫大家的心。

來自四面八方的慈濟志工，也在協調中心的分派調度下，或是加入香積行列為災民及救災人員提供熱騰騰的飯菜，或是前往災區關懷訪視，發放慰問金與生活包，後續並組成一梯梯隊伍，前去協助災民清理家園。

緊急動員告一段落後，慈濟人也展開中長期的建村及生活輔導工程，全臺一共興建四個大愛園區，讓九百多戶災民得以安住，展開新生活。

二〇一四年七月三十一日，高雄市前鎮區與苓雅區發生地下管線丙烯外洩，爆發多起石化氣爆事件，人孔蓋炸飛、數百公尺的柏油路被炸毀，爆炸火焰沖天直達十五樓。

周邊店家經濟損失慘重，包括三多一路、凱旋三路、一心一路等多條重要道路塌陷毀損，更造成三十二人罹難、三百二十一人受傷，其中傷亡者有多位是救災的警消人員。

災後數月，地底下仍隱含未知的危險，造成市民惶惶不安。

高雄靜思堂再次成為全臺慈濟人的賑災行動據點。杜俊元帶領慈濟人走進滿目瘡痍的街區，挨家挨戶敲門致意，送上證嚴法師的慰問信及慰問金，讓驚惶不定的人心獲得安撫。

一位同袍受傷、長期處於高壓下的救災人員，看見白髮蒼蒼、宛如慈父般的杜俊元，忍不住緊緊擁抱他，尋求一分心安與寧定。

很長一段時間，氣爆範圍住家的水電都未能恢復，慈濟的熱食供應也未曾中斷。

歷經兩次重大災難的考驗，高雄靜思堂的大型動員救災能力也愈趨成熟。身為防災協調中心召集人，杜俊元坦言，每一步都是調整學習而來的，「尤其靜思精舍及上人，是我們最堅實的後盾。」

他回憶過往歷程，當莫拉克災情一傳出，他直覺這麼大的災難，無法由他一力承擔，必須向證嚴法師請示。再看到因為災況緊急，各組志工心急救災之下，到處搶人、搶資源，導致意見不合、拍桌爭執、拒接電話等種種衝突都出來了，他一看不行，冷靜地提議與精舍連線。

在獲得精舍的支持後，杜俊元耐心引導組長們理出頭緒，進行細緻分工，會議室的黑板上，一條條列出哪些人要做哪些事？不行的話找誰替補？各地送來的賑災物資如何處理？全臺來支援的慈濟人怎麼安排……

「慢慢摸索，就會磨合出一些準則，意見也會整合起來。但這個過程需要有耐心，不能看到眾人一急就跟著亂。」杜俊元展現定靜的修養，同時肯定志工們的轉念：「這些都沒有標準答案，也沒有固定模式，大家邊做邊調整，慈濟的可貴與包容就在於此。」

他深知，做善事不一定意見一致，有時甚至會相互競爭，但這些都只是過程。「關關難過，關關過，幸而我們有精舍指導的理念，大家不會犯錯。」

後來的高雄氣爆，他們只跟精舍連線過一次，高雄慈濟人隨即全力擔起所有賑災主力，完全不必法師擔心。

法師曾說，杜俊元是最貼心的弟子。其實，他與法師的互動並不多，「我跟師父一年說不到多少話，有時候連一個小時都沒有。」那他是如何做到一門深入的呢？

「就是用心。大愛電視臺的《人間菩提》、《慈濟新聞》，每天都有上人的法語，常常看、常常聽，從上人的開示與講述的故事中，認真去體悟，久而久之，法就會入心了。」他也學會從法師的角度看慈濟。

他很少回精舍向法師請示事情，「因為我清楚上人的理念，知道他會怎麼思考，所以除了真正重要的大事，其他根本不需要再去問。」他見識本就不凡，也認為法師要面對的事情太多了，自己可以解決的，就不要去叨擾，這才是弟子之道。

雖然互動屈指可數，師徒之間卻有著深厚的理解與信任，因為他自從跟著法師發心立願，三十多年來道心不輟，時時謹記修行。「這輩子能跟上人學習，非常難能可貴，怎能不用心體會。」

而真正有疑惑向法師請教時，「上人也從來沒直接告訴我該怎麼做，只是會說故事給我聽；我若還是不懂，他就再講一個故事，直到我聽懂為止。」聰敏用心的弟子，不必師父長篇大論，稍微點一下就透澈。

師徒之間的話語都很簡單，但凡是法師說的，他一定認真執行，因為心中充滿敬重，而法師也毫不懷疑弟子護法之心的堅定。

值得敬仰的人格者

曾任喜捨和氣組長、高雄區合心活動窗口的「知音合心」江淑清，經證嚴法師授證為清修士，在高雄靜思堂執事。

平日長駐在聯合志工辦公室的她，與杜俊元工作上接觸最多，可說是最熟悉他的人之一。「杜師兄平日話很少，看起來不語而威，但他私底下卻非常親切慈悲，很為他人著想。」

她眼中的杜俊元，冷靜、理智、客觀、具決斷力，「很多討論，他都是拍板定案的人。」一見過無數大場面的杜俊元，看事情一針見血，但處事卻又格外謙虛低調，即使知道問題所在，從不在會議上指責他人，而是適時提點對方。

例如，有的慈濟人能力很強，但個性急躁，偏偏所負責的事情需要沈穩以對，杜俊元就會私底下提醒，「等待與忍耐也是一種修行，要靜下心來，不要急，因緣到了才能水到渠成。」讓聽的人受用又感激。

每次開會，大家吱吱喳喳、吵吵鬧鬧，他永遠靜靜坐在旁邊不受影響，閉著眼睛像在小憩，但請他做結論時，總能將所有散漫無邊的發言，提綱挈領出要點，大家才知道原來他一直在傾聽與觀察，這分禪定的功夫與敏銳的思考，讓眾人敬佩不已。

「一個日理萬機的大企業家，跟慈濟的婆婆媽媽們討論事情，不論多麼雞毛蒜皮，他從來不會不耐煩，包容心及修養……真的沒話說。」江淑清觀察後十分讚歎。

他雖然家境很好，生活卻非常簡樸，和大家一起在靜思堂用餐時，不管人家盛什麼給他，他都會惜福地吃完。

有次，志工們聊到臺灣的廚餘問題，他就很納悶，說怎麼會有那麼多的廚餘呢？他以自己為例，「我在家時，總是把不愛吃的先吃完，最好吃的留在最後，這樣就不會有廚餘啦！」

大家對這樣的小撇步紛紛讚許，回去一試，果然吃光光，不但沒有廚餘，還很有滿足感。

杜俊元是高雄靜思堂對外的代表性人物，凡是貴賓或重要人物來訪，通常會請他出面接待，只要幫得上忙，他從不拒絕。

有一年春節，江淑清安排社區環保教育站的老人家到靜思堂參觀，因為接待人手不足，她只大略跟老人家們說，廣場有園遊會，樓上有展覽，都可以去看看。

等她忙完，只見老人家們歡歡喜喜從二樓下來，看到她很高興地說：「這裏的人真好，上面有個人泡茶請我們喝，還一直陪我們聊天哩！」她一看，跟在後面的不就是杜俊元嘛！

她對老人家們說，接待大家的，就是捐這塊地的人。大家聽到都非常訝異，怎麼一點架子都沒有？還親自泡茶給她們喝，讓人覺得好有面子。

杜俊元則有點小開心地對江淑清說，「我今天也當了招待，有幫上忙喔！」那一刻她只感覺，杜俊元實在是平易近人、不挑工作，不管是國際貴賓，或是環保志工，他一樣平等心對待，說不定對老人家還更親切自在呢！

還有高雄氣爆那一年，杜俊元除了出去慰訪之外，其餘時間都坐鎮在靜思堂，隨時聽取志工們的回報並給予意見。

有一天，他難得姍姍來遲，坐下來就鬆了一大口氣。江淑清一問，原來他們華泰公司也有員工住在氣爆點附近，他急著請同仁查詢名單，一一確認無事之後才放下心來。

「如果沒聽到員工報平安，我實在沒辦法安心。他們後續生活若受到影響，也得幫忙處理。」他展現了一個大家長的愛護之情，並細緻到生活的方方面面，既慈悲又有同理心。

點點滴滴的細節，讓江淑清不由得想起，小時候父親總是跟她說：「某某某是『人格者』，我們要尊重，並向他學習。」她曾不解地問，人格者到底是什麼？父親簡略地形容，就是品格高尚的社會賢達。「見識到杜師兄的為人處事，感受到那種堅毅、寬厚的特質，就是人格者無誤了！」

江淑清常想，感恩證嚴法師創造慈濟世界，讓任何人都可以聚在一起。像她本身是學陶藝的，之前往來都是文化界的人，跟杜俊元這樣的企業家根本不會有交集。但在高雄靜思堂裏，大家有機會相處共事，她從杜俊元身上學到很多不同的想法與價值觀，真是很好的因緣。

法師曾經讚歎杜俊元，說他總是縮小自己，做到合和互協，是廣受志工與同仁敬佩的學習典範，「他放下身段，做到了『不請之師』，像雨露滋潤大地一般。付出愈多，愈是感恩大家共同成就其生命價值。」

幾乎所有高雄慈濟人都將杜俊元當成人品典範，學習他的謙遜與承擔。

給人底氣的意見領袖

在慈濟會務的推動上，高雄地區有杜俊元在，法師的精神理念都可以確切落實。這一點，和杜俊元大約同期進入慈濟的梁清典感受非常深刻。

行事踏實、理路清晰的梁清典，目前是資深的「知音合心」。一九八九年，他由鄰居林玉兒接引入慈濟，次年發現罹患胃癌。

梁清典開刀前，不識字的林玉兒送他《隨師行記》、《三十七助道品講義》兩本書，希望伴他走過術後恢復期。

沒想到他出了手術室、剛從麻醉狀態醒來，就聽到林玉兒車禍往生的訊息，人生的無常，讓他更決心把握因緣，好好做慈濟。三十多年來，那兩本書他總是帶在身上，情緒低落或遇到瓶頸時，就拿出來閱讀，每次總有不同的領悟與啟發，成為他生命的資糧。

一九九六年，法師推動慈濟志工落實社區時，梁清典擔任第十九組組長，常有機會跟杜俊元一起開會。他記得很清楚，當時杜俊元不只事業繁忙，有陣子身體還違和，但只要有關慈濟的事務，他總會及時趕來，跟大家一起坐在蒲團上討論，非常隨和。

落實社區是一項大工程，一開始雖會分割原有的人際網絡，但對未來的鄰里關係、志工的動員及擴展深耕等，絕對是正向助益，且是必然的趨勢。

然而，一些擔任組長的老幹部，或囿於情感層面，或限於眼界視野，堅持不願重新分組，此時就需要德高望重者來整合與溝通，杜俊元即扮演這樣的角色。他深知慈濟不像一般企業，老闆說了就算，所以花很多時間去轉述法師的理念、分析未來的發展給老幹部們聽。

「他的態度誠摯，從不會高高在上，或是以上人的代言者自居，即使反駁別人的觀點，語氣也非常客氣，大家不知不覺就會被說服。」梁清典觀察之後說，只要任何人有疑問，杜俊元都有辦法以法師的觀點為人解惑，讓對方豁然開朗，許多阻礙漸漸被化解，落實社區的任務得以順利達成。

後來，梁清典的組長任期結束，以杜俊元為主的關懷小組，建議他轉換至精進組，協助共修、助念、大體捐贈推廣等任務。

較少接觸這些的梁清典，詳實地列出工作要項、組織計畫表等，在開會前特地給杜俊元過目，「他一說沒問題，我就有了底氣，照著章程在會議上報告，就可以全面啟動了。」

梁清典很慶幸高雄有這樣一位眾人信服的意見領袖，「只要他領頭，大家就不用花太多時間去整合、討論，事情就會變得圓滿有效率。」

慧眼識人　提攜後輩

擔任高雄人文真善美合心組長的林淑娥，則對於杜俊元的知遇與提攜之情，有著深深的感激。

早期高雄分會尚未成立，志工只有五百多人時，林淑娥因為孩子年紀還小，無法外出工作，先生謝連陞開了一家中古汽車買賣公司，她每天就待在公司帶小孩。

那年代還沒有手機，只有BB Call，大家知道她整天在家，隨時可以接電話，所以請她負責影視志工的聯繫工作。由於常常要打電話邀人上課、請人排班去做活動紀錄，幾乎所有志工的聯繫方式，她都知道。在訊息沒那麼便利的年代，儼然成為重要的聯絡中心，誰出去訪視助念、誰在哪裏做什麼，她都一清二楚。

大家也養成習慣，只要找不到人，或有重要訊息需轉達，直接找她就對了。加上家裏的店面大，志工們訪視結束，常常過來歇息順便開會，久而久之公司也成為共修處。

從 BB Call 進步到手機的時代後，林淑娥的熱心性格不變，人脈則更加擴展，處事愈加有效率，依舊是眾人倚賴的訊息傳遞者。

二〇〇一年以前，林淑娥並不認識杜俊元，只知道他是捐贈高雄靜思堂這塊地的大菩薩。

大愛臺成立之後，影視志工的招募變成當務之急，那年杜俊元在一次會議上，直接舉薦林淑娥升任影視組組長，當時只是社區小組長的她整個呆住，「不行啦！我連專業攝影機的開關都不會開，剪輯更是一竅不通，我不敢接啦！」深怕自己承擔不起，她在會議上都急哭了。

杜俊元把她叫到一旁溫言安撫，「不用擔心那麼多，我們需要的，是一個可以箍（閩南語，意為召喚、攏住）大家一起做事的人，你之前都做得很好啊！那些機器的操作，我都會負責解決，你不用煩惱。」

林淑娥還是焦慮不已，杜俊元最後很鄭重地說：「我以大愛臺董事長的身分，請你務必幫這個忙，好嗎？」眼淚還掛在臉上的林淑娥，朦朧的目光中，只看到一位懇切的長者，為了讓慈濟人文志業順利進展，正耐心拜託她這個小小志工，心中一陣感動，頭一點，「好」字脫口而出，才讓杜俊元鬆了一口氣。

後來她才知道，杜俊元在找人之前，已詢問過很多資深委員，知道她一直在幕後默默箍人去做紀錄，即使只是擔任聯繫的行政工作，深具慧眼的杜俊元還是一力舉薦。而她也不負所托，將高雄影視組帶得蓬勃發展，志工成長很快。

二〇〇三年，進行文字、圖像、影音三合一志工整合時，杜俊元再次推薦她擔任人文真善美的志工組長。此時的她，已今非昔比，拍攝、專訪、導播、活動規畫、展場設計，什麼都難不倒，「總算沒有愧對杜師兄的栽培與信任。」

那幾年，杜俊元一直默默支持，舉凡器材升等的經費、人事組織的爭議、空間不足等問題，他都會出面協調，讓他們有一個靠山，可以專心往前衝。

由於杜俊元是高雄的指標性人物，很多活動他都必須站在最前方，其他志工有時感到痠痛疲累，不免稍微鬆懈或者動一動，他卻每時每刻都身形挺直，絲毫不懈怠。法師讚許他「守之不動」的道氣，像是在無聲說法，影響許多人也能定下心來。

有次，杜俊元剛開完刀不久，就來參加高雄精進日，連續兩天一場委員、一場慈誠，從上午九點到下午五點，講的內容都一樣，負責記錄的林淑娥有時都耐不住，但杜俊元仍是穩穩地在現場坐了兩天。

會後，林淑娥忍不住問，是什麼精神支持著他，在身體需要休養的時刻，仍全程陪伴所有志工？

杜俊元想了想，提及之前法師到高雄歲末祝福，因為嚴重感冒，連說話都會痛，他們幾個幹部想請法師多休息，不要上臺了。法師卻不忍眾人多時的期盼，強忍著病痛上臺開示許久，下來後還不休息，繼續跟志工討論各項會務。

「上人不說苦，也不說累，身為弟子怎麼可以鬆懈！」杜俊元其實不會講什麼大道理，只是跟著師父的腳步，徹底實踐。但光這一點，就讓許多人自嘆弗如。

二〇〇六年，高雄靜思堂啟用當天，湧進無數的參觀人潮。林淑娥記得，她與杜俊元站在和敬廳外一隅，看到全場一片歡欣喜氣，彷彿菩薩雲來集，她忍不住興奮地說：「杜師兄，您看，我們的靜思堂開始活起來了！」

半天沒聽到回答，一看，杜俊元眼角微微泛光，似乎感慨萬千，最終卻又默默無言，像平日一樣將情緒收斂起來了。彷彿，所有的成果，都只是該盡的本分而已。

其實，也不需要言語了，過程中所有的考驗，不管是外界曾有的質疑，他本身面對的壓力，或是工程、人力等問題，在在都已過去，這座莊嚴道場本身，已為他當初的發心立願，做了最好的見證。

意外的傳承人選

在慈濟，傳承是一項重要的課題，身為資深前輩，杜俊元心有定見，「只要能遵循上人的法，一心一意走菩薩道，願意為慈濟長遠的發展而努力，就是適合的傳承人選。」

在靜思堂的組織當中，防災協調中心是很重要的單位，下有十五個功能組，包括急難救助、訪視、醫療、香積、環保、總務、交通、行政、機動、公傳、財務、人力支援、人文真善美、法親關懷、實業支援等組別。

平時各組自行運作，但當防災協調中心一啟動，所有活動全部停止，各組全力支援中心運作，以救災為第一，這也是歷年高雄重大災難或社會事件發生時，慈濟能快速投入救助的原因。

防災協調中心召集人一職，可說是最重要的協調者與決策者，對內要能凝聚共識，對外要串聯協商，必須具備相當歷練、有處事不驚的能力，才能承擔起來。

二〇一七年，杜俊元在宣布接班人選時，經過長期觀察與各方考量，在一干資深、經驗豐富的委員之中，出乎意料地選擇了二〇〇九年才受證、資歷尚淺的潘機利。

「我不是眾人心中理想的口袋名單，我所有學歷、事業、經歷、背景，跟杜師兄比起來天差地遠，根本沒想過他會選擇我。」潘機利毫無心理準備。

潘機利出生成長於屏東萬丹的鄉下，父母務農，家境窮困。「小時候最怕日曆出現紅字，因為同學們都高高興興去放假，我們家四個小孩卻整天要在田裏幫忙，一天都不得喘息。」

因為種田種到怕了，他們家的孩子國中一畢業，就紛紛逃到外地求學、就業，潘機利也跑到高雄去念高中。因著從小家裏窮，他對錢財特別看重，念書期間就想方設法去建築工地當小工，搬磚、挑水泥，只要有錢什麼都做。

服完兵役後，那股想出人頭地、賺大錢的心念更加強烈，但沒有背景與基礎的年輕人，實在做不了什麼大事業。潘機利先在大哥介紹下，去當農用機械修理的學徒，他覺得錢太少，又兼著跟二哥學擺路邊攤，賣些衣服、襪子等生活用品。

仗著年輕體力好，他一早五點多先去菜市場擺攤，賣完趕回去當學徒，晚上繼續去擺夜市。「整天滿滿的行程，簡直是想錢想瘋了！」潘機利回憶起來都覺得好笑。

記得第一次去菜市場，他還有點拉不下臉，覺得自己明明想做大事業，怎麼就淪落到擺路邊攤呢！一邊又想，如果被認識的人看到，不知道會不會被笑？磨磨蹭蹭之間，警察就來了，他都還沒開市就打道回府。

後來想著，批來的貨一定得賣出去，否則血本無歸，還是咬牙去叫賣，接著愈來愈上手，也累積不少進貨、銷售經驗。

至於學徒的工作，在一年多後因故停止，他接著去做電信局外包的地下電纜維修，下水道裏又臭又髒，蚊子又多，「那時候不知道什麼叫沼氣，抽風機一開，人就直接下去，想想就很恐怖。」至今，他只要看到路上有電纜維修工程，都不禁會起恭敬心。

有一天他從人孔蓋鑽出來，看到一家機械五金行，老闆還挺面熟，不就是他堂哥嘛！堂哥不忍心看他那麼辛苦，叫他來做五金行外務，幫忙送貨、維修等等。又過一年，原本擺路邊攤的二哥，盤了個小店面，改賣起童裝，邀他一起來創業。雖然是小小的起步，他終於圓了當老闆的夢想，開始做生意了。

他後來獨立自主，在旗山開了第一家「主幼商場」成衣店，業績非常不錯，白手起家的年輕人也很敢衝，幾年之間就連續開好幾家連鎖店，生意愈做愈大。

開到第九家時，潘機利認識了做賭博電玩的朋友，他發現這個來錢更快，就把店面改成賭博電玩，整個價值觀也改變了，開始跟黑白兩道交際應酬，菸、酒、檳榔不離手。

兩年多後，他漸漸發現不對，那些電玩的股東，不是罹癌往生，就是失敗跑路，他的家庭也出了狀況，沒一個有好下場。

心懷恐懼的他，在母親規勸下退出電玩，專心回歸成衣業。但打擊仍然接續而來，他有三家門市接連遭遇大火，一家在九二一地震時受損，還有一家在莫拉克風災時被土石流淹過。

火災，地震，土石流，彷彿所有災難都找上他，有人嘲笑他倒楣到家，他原本還不服氣，後來接觸慈濟，感悟到法師說的因緣觀，才想到，「說不定賭博電玩所賺的，都是人家的救命錢，現在遭遇的一切，不過是因緣果報。」從此深切懺悔，再不抱怨。

二〇〇六年，潘機利在房東介紹下，加入慈濟會員，也為母親圓滿榮董。

二〇〇九年莫拉克他成了受災戶，看到穿著藍天白雲的志工送來熱騰騰的香積飯，收到法師的祝福信，他感動不已，下定決心要深入這個團體，在這年受證成為慈濟委員，並陸續把家族親友都接引入慈濟。

以前的價值觀是金錢第一，結果變成錢的奴隸，現在他內修誠正信實，外修慈悲喜捨，在菩薩道上不斷精進。

中生代力量的成形

潘機利第一次與杜俊元接觸，是在一次《無量義經》演繹彩排時，他自知讀書不多，看到「靜寂清澄，志玄虛漠，守之不動，億百千劫」，他比是會比，但實在是不懂涵意，就向他心目中很有學問的杜俊元請教。

杜俊元沒有當場回答，思索良久之後，才在休息時細細跟他解釋。「我才體認到，他是一個非常慎重的人，不會隨意出口，又怕我聽不懂，還特地思考怎麼跟我解說。」理科人的板正與實事求是，讓他肅然起敬。

二〇一四年高雄氣爆，在防災協調中心安排下，潘機利開車當司機，陪同杜俊元四處勘災，為災民送安心祝福包，那是他近距離跟隨杜俊元最久的一次，「我在想，杜師兄他們當時應該就在觀察我了。」

那幾年，潘機利當慈濟志工當得不亦樂乎，拍照技術很好的他，是人文真善美的主力之一，他的個性大而化之，活潑外放，因為做生意的緣故，跟誰都很容易打成一片，結下不少善緣。

二〇一七年的一天早上，潘機利預計出國談訂單，突然接到開會通知，是杜俊元親自主持，請他一定要出席。他很尊敬杜俊元，想說去一趟親自跟杜師兄告假，再去趕飛機。

於是前往聯合志工辦公室，找了最後邊的位置坐，前面都是資深委員們。當天杜俊元提出來討論的，是防災協調中心的新任召集人，他當場宣布：「我想舉薦潘機利師兄，來接任新的召集人職務。」事前毫無預兆，全場一片震撼。反應很快的潘機利，只呆了一下，馬上站起來說：「感恩杜師兄器重，末學不是不願承擔，是否容我再多學習一段時間，再深入了解慈濟一點，再來擔起這個重責大任？」

杜俊元寬和地看著他，對大家述說自己的考量。「潘師兄做事情非常穩重，在事業上也經過歷練，吃過很多苦頭，這樣的人，道心會更堅定，值得信任……所謂近親難度，潘師兄可以接引那麼多家人進慈濟，可見他很有心，也很有能力，我相信他可以做好。」

心目中尊敬的長者，在眾人面前對他委以重任，潘機利不敢再推辭，最後承擔下這項使命。

杜俊元知道他資歷淺，推薦他後，開始帶他參加各種合心組隊的會議，一一向資深委員介紹他，並請大家給予支持。事實上，防災協調中心好幾位副召集人，每一個推出來，經驗及資歷都遠超過潘機利，但杜俊元考量的是更長遠的發展，必須要有新血進來。

他將潘機利推到一線，也很負責地用心輔導他三年。在他還不熟悉中心的運作、遭受質疑時，出面為他緩頰；在他還沒有辦法調度資深委員時，跟著他一起溝通；災難現場該注意的眉眉角角，也一一解析傳授。

「杜師兄初期對我不離不棄，等我上手之後，又充分授權、不加干預。真的非常有長者的風範！」一開始開會，杜俊元會坐在潘機利旁邊，適時提點，主動為他擋去紛爭；隨著潘機利的成長，他慢慢坐到後面去，只聆聽不發言；

到最後完全放手，信任這位接班人的決策。

兩任召集人的個性及經歷完全不同，但在本心、堅持及韌性上，卻又有一脈相承之感。

潘機利謙稱，不是他能力強，是杜俊元慈悲，讓他有機會學習。「今天他將重責大任交給我，我也會認真扮演好這個角色，不讓他失望。」

杜俊元許多經驗傳承，潘機利都謹記在心，包括「行住坐臥都要保持禪定，才能冷靜看待事情，做出正確判斷。」還有，「要善用慈濟的資源，不要單打獨鬥。一個人做事無常，一群人共事才能長久。」

從戰戰兢兢到漸漸自信，潘機利非常感激杜俊元給予的底氣。每當他浮現不確定感，打電話去請益時，杜俊元一句：「你做得很好，沒有問題，放手去做吧！」就讓他勇氣百倍。

二〇二一年十月，高雄城中城大樓火災，造成四十六人死亡，四十三人受傷，嚴重傷亡震驚各界。潘機利主責下的防災協調中心，立即與警消、市政府、殯儀館等單位串聯，進行關懷慰問，安排助念事宜。慈濟人動員之迅速，關懷之深切，成為家屬及救難單位支持的力量。

新冠肺炎期間，高雄市政府商借靜思堂場地，作為疫苗注射地點，防災協調中心也準備平安糕致贈民眾，並提供市府工作人員餐飲麵包，與大家結善緣，各項貼心的行動深獲好評。

現今，高雄地區中生代的力量，已然成形。除了潘機利之外，方漢武亦是由杜俊元邀請，擔任說法傳法的窗口，王獻聰則接任榮董召集人的職務。

他們三位志同道合，親如兄弟，為了做慈濟，曾天天照三餐相約在靜思堂見面，討論志業的推行，成了高雄慈濟人口中精進的「三見客」，媲美法國作家大仲馬筆下的《三劍客》，同樣深具「我為人人，人人為我」的精神。

三見客與杜俊元都有淵源，對這位長者敬仰又倚賴，在杜俊元身體狀況許可下，會結伴前去拜訪請益。三人除了向他報告高雄靜思堂整體發展，也會提及各自在功能組遇到的問題：負責榮董聯誼會的王獻聰，會請教他如何帶動各領域佼佼者的企業家們；負責導覽志工總窗口的方漢武，則針對外語隊的成立、海內外慈濟人的參訪接待等議題，與杜俊元交換意見；潘機利則是請教各項災難應變措施……

在他們心中，杜俊元深入靜思法脈，不論思想與行動，都最能體現證嚴法師的理念精髓，「就像問路問對人一樣，只要照著他的指引走，完全不用擔心走錯路！」三見客很慶幸，雖然花蓮離得遠，無法時時回去精舍請益，但高雄有杜俊元在，讓他們有了遵循與學習的方向。

他們也發現，雖然杜俊元身處病苦之中，但只要談到慈濟的事情，瘦弱的身軀總是精神一振，雙眼炯炯有神，語調平穩有力，一一為他們解惑釋疑，真的是一心為慈濟，三人受益匪淺。

潘機利從事成衣業，方漢武是烘焙業，王獻聰則出自建築業，剛好含括衣、食、住三個要項，每當賑災動員，或者義賣活動，三人串聯起來的效益往往加倍。他們的活潑風趣以及搭配默契，讓會務的推展呈現一股朝氣，吸引更多年輕新血加入。

慧日破諸闇　　　**慈濟委員 飛天**

悲觀及慈觀 常願常瞻仰 無垢清淨光 慧日破諸闇……

《法華經》〈觀世音菩薩普門品第二十五〉

第九章 細品人生這杯茶

高雄靜思堂的午後，靜思茶道的教師吳美鳳、蔡玲芬、郭月紅以及茶道志工黃麗齡，圍坐一桌的馨香，欣賞透明玻璃壺裏的玫瑰花，在茶湯中慢慢綻放。

「這個玫瑰花是託朋友從雲南大理帶回來的，有坐過飛機喔！」活潑的郭月紅語帶俏皮，「喝茶不用拘謹，茶是上至皇帝下至乞丐都可以好好品味的。靜思茶道更是要帶大家從品茶中，輕鬆認識慈濟世界。」

赴彰化學茶道　三年風雨無阻

古早的農業時代，路邊常常可見大大的茶壺，上面寫著「奉茶」兩字，是善心人士為過往路人提供的服務，蘊含濃濃人情味以及利他奉獻的精神。

隨著時代進展，路邊奉茶的形態漸漸消失。然而，在花蓮的靜思精舍及慈濟諸多志業體，依然有著奉茶的傳統，品一口茶，滌心靜氣，也表示道場對來客的歡迎。

靜思茶道最早起於一九九四年，慈濟科技大學開辦的茶道課程，茶道教師團隊由此漸漸成形，致力於以茶水汲取法水，以茶會祥和社會，近悅遠來結好緣，可說是人間菩薩大招生。

隨著慈濟志業體的成長，靜思茶道教師團隊也承接慈濟小學到大學的人文課程，同時配合慈濟社會教育推廣中心，針對社區民眾開設茶道班，針對海外慈濟人開設專班培養茶道師資，以及在慈濟各道場進行靜思茶道體驗班。

二〇〇六年起，靜思精舍德侃師父擔任靜思茶道指導法師，以《無量義經》、證嚴法師思想為法源，制定典章制度，此後以團隊的組織力量，透過品茶與茶藝、茶學，來美化群眾的生活與心靈，也推展慈濟人文思想與內涵。

「靜思茶道和傳統茶道、坊間茶道最大的不同，在於融入上人的法，可以讓人自我提升，是一種做中學的修行。」靜思茶道高雄區負責人蔡玲芬說。

德伢師父創立「靜思茶道八禮法」與家庭茶（生活禮儀之教養）、茶禮茶（藝術美學之學養）、靜思茶（宗教情操之修養）三種茶道形式，奠定靜思茶道的發展基礎，並建立嚴謹的師資考核。

目前，高雄地區有五十一位靜思茶道教師群，在全臺各區占人數最多，其中更有四對夫妻一起同師、同道、同茶道，是其他區比較少見的。

「我們運作如此順暢，師資的凝聚力強、活動力高，是因為有美瑳師姊帶領我們，像家裏的媽媽一樣，有她在就很安心。」靜思茶道執行祕書吳美鳳說。

楊美瑳、蔡玲芬、郭月紅、吳美鳳同屬高雄第一屆靜思茶道教師。當時學茶道的人不多，高雄也沒有開專門的課程，楊美瑳只能帶著蔡、郭二人前往彰化向李阿利老師學習，吳美鳳則前往花蓮師從李六秀老師。

「最早跟美瑳師姊接觸，是二〇〇五年去彰化上課，到二〇〇八年整整三年的課程，風雨無阻，每週一早上六點多出門，到晚上九點才回到家。如果沒有她帶著，我們可能堅持不下去。」蔡玲芬說。

郭月紅也提及，「她帶我們兩個，就像母雞帶小雞一樣，來回火車票都一起幫我們訂，什麼都打點得好好地，我們只要跟在她後面就可以了。」楊美瑳對兩個小輩非常照拂。

一開始不熟，楊美瑳給她們的感覺是，「像天上的仙女一樣，又端莊又高尚，是我們看得到、摸不到的人物，在她面前連話都不太敢說。」郭月紅笑著回憶。

茶道的因緣，把她們連結在一起，「接觸之後，就深深感受她溫暖的一面，很會為別人著想，時時關照周遭的人，一點架子都沒有。」蔡玲芬說。

兩個小輩當時年紀輕，有時上課嘻嘻哈哈，她會耳提面命，「我們要快樂學習，但也要努力將課程內化喔！」因為她們是種子教師，得把經驗帶回高雄。有時，遇到需要採購一些器皿用具，怕她們感到壓力，楊美瑳會說：「你們把心安住，好好上課，其他不用煩惱。」所有事宜她都承攬下來，真的像家長一樣。

楊美瑳個性嚴謹，氣度雍容，蔡玲芬溫婉細致，郭月紅則是率真質樸，三人相處愈來愈輕鬆，幾乎無所不談。不過，站在前輩的立場，該提點的，楊美瑳還是會提點。

形容自己是動作派的郭月紅，以前搬東西總是雙手抱一大堆，楊美瑳看到就會出聲，「月紅啊，我們每次一雙手拿一樣東西就好，不要貪多。」

郭月紅還傻傻地想，不一次拿多一點，多費事啊！後來才知道，楊美瑳是在提醒她，要有氣質一點，要注意形象！

「我們說話時，手要放好，不要比來比去，才會顯出端莊穩重。」

「要把教室當作自己的家，看到家裏東西亂了，不會想擺好嗎？」

……

像母親般細細叮囑，大家慢慢地都被潛移默化了。

「她的舉止真的優雅從容，走路的身形也很好看，非常有精神！」郭月紅偷偷觀察，「上人注重的佛教四威儀『行如風、坐如鐘、立如松、臥如弓』，在她身上完全展現，她真的自己都做到了，才會要求別人。」這分律己的態度，令眾人十分敬佩。

郭月紅私底下都叫她美瑳媽媽，從感覺高高在上，到和藹可親，「她是我們的善知識，要很有福報才能跟上她的腳步。」她深覺慶幸。

郭月紅提及二〇〇九年三月，高雄靜思茶道預計開課前，楊美瑳就主動拿了一筆經費，交給擔任財務的郭月紅，以添購各項器材設備。

「她比誰都細心、有遠見，開課會遇到什麼問題，她全都清楚，不必等我們開口，就主動站出來解決。」郭月紅形容這筆經費，就像高雄靜思茶道的「起家錢」，又像媽媽給兒子的創業基金、給女兒的嫁妝，帶著滿滿的祝福與鼓勵，從此他們就開始興家了！

郭月紅的先生李義忠，和楊美瑳同屬靜思茶道法理組。他說，每次和楊美瑳出去研習或上課，有時因為長途坐車，大家不免顯得鬆泛，她卻永遠是端端正正的坐姿，「和上人一樣，從來不鬆懈。」

李義忠也想起，他剛受證那年，曾和三位師兄上臺分享心得。結束後，一旁的杜俊元將他們全部找過去，原來注重威儀的杜俊元，發現他們慈誠制服的領帶夾位置不對，特意私下提醒。「他們的嚴謹細致，展現在方方面面，而且不吝提點，真的很有長者風範。」

除了虛心接受指點，這些後輩也很貼心，怕楊美瑳在公司當董事長太緊繃，私底下常常跟她撒撒嬌、說說笑話，逗她開心，久而久之，「她的笑容果然變多了，大概也有點被我們同化。」

身為開心果的郭月紅說：「她得保持專業與威嚴，不會像我們這樣哈拉哈拉地嬉笑，但我覺得她心裏應該也很想哈拉哈拉一下。」

個性大剌剌的她，有次還好奇地問：「美瑳師姊，怎麼都沒看過你打呵欠、打瞌睡啊？」

楊美瑳一陣無語，「……我打呵欠還讓你看到！」又好氣又好笑，拿她沒轍。這群如女兒般的可愛法親，讓她的生活多了不少輕鬆與歡笑，高雄靜思茶道就是這麼充滿溫馨與活力。

蔡玲芬也對楊美瑳的周到深有所感。之前在大愛幼兒園上茶道課時，楊美瑳對每個細節親力親為，所有用品自掏腰包採購，將那群爭相叫她奶奶的孩子們，捧在手心疼寵。

有時，請蔡玲芬去大賣場選購茶食點心，會特別交代一定要親自吃過，看會不會掉餅乾屑、會不會太甜或太硬，覺得沒問題才買。

考量到孩子不適合喝太多咖啡因，她會將茶湯改成日本麥茶，或者將紅茶泡到極淡。倒茶時也從原本的七分滿，變成五分，怕孩子們不小心潑出來……每一步驟都經過仔細考量，給後來的茶道老師立下標竿。

此外，楊美瑳的個性剛正無私，茶道教師群平日必須輪流打掃教室、布置場地氛圍，她一直跟著做。後來，大家覺得她都八十歲了，不想讓她太累，私下討論要免去她的輪班，她知道後卻堅持一視同仁，全部照規矩來。

直到因為要照顧生病的杜俊元，無暇來上課才暫停。這樣的身教與傳承，為靜思茶道團隊確立了良好的準則。

二〇二一年，蔡玲芬在先生張春海護持下，接任高雄區負責人，她總覺得有長輩把關較踏實，常常跟楊美瑳報告各項事務後，才放心去執行。

楊美瑳鼓勵她，「你已經是區負責人了，可以獨當一面，有些事情，你跟區團隊決定就可以。」和杜俊元傳承時一樣，楊美瑳也給予後輩信心，並在他們遇到問題時鼎力支持，展現同樣的高度與胸襟。

品茶品人生 學淡定與豁達

吳美鳳當年雖然沒有一起去彰化上課，但她接下第一任高雄區負責人後，也與楊美瑳結下深厚的情誼，兩人性格均穩重大方，處事俐落又充滿智慧，相處起來非常投契。

本身學插花的吳美鳳，其實沒想過報名茶道教師，是喜歡喝茶的先生陳漢耀鼓勵，「就算不當老師，學了回到家來，我們也可以一起品茶。」她才決定報名。

那時她平日要上班，固定每月一次週六早上搭飛機到花蓮上課，第二天再搭機回來。

後來，她承擔區負責人，楊美瑳則扮演大家長的角色。每次遇到為難的事，她只要一句：「美瑳師姊，您發表一下意見啦！」大家長一發言，事情就解決了。因為楊美瑳具有大局觀，看事情會通盤考量，大家都信服，只要跟著走就沒問題。

最初，靜思茶道在高雄開課時，吳美鳳擔任的是晚上的師資，沒想到第一屆的夜間班，杜俊元就來報名了。他自我介紹時，開玩笑地說，因為看到楊美瑳學茶道後，氣質有加分，所以他跟著來上課。

「他是一個很如實的學員，白天在公司發號施令的人，晚上變成認真的學生，乖乖跟著我們學擂茶、學茶湯品鑑，上課上得很開心。」吳美鳳對杜俊元的學習態度給予高度評價，三年九期的課程，他從沒遲到過，也幾乎全勤。

吳美鳳看起來十分恬淡，但她和先生陳漢耀也曾經歷過命運的殘酷打擊。他們的獨生女云樺，在雙十年華車禍意外往生，她曾一度無法接受，最後仍選擇放下，原諒充滿歉意的肇事者。

只是，即使有著精神科護理師的背景、曾任國小特教班生活輔導員，失去摯愛孩子的吳美鳳，仍需要一段時間療傷止痛。那時的她有著莫名的恐懼與焦慮，深怕先生也突然離去，留她一個人怎麼辦？

她積極尋找療癒的管道，去上心理相關研習課程時，曾問講師如何克服這樣的情緒？對方回應：「你可以試著思考，這件事是否為你帶來什麼好處？」她當時只覺得，怎麼是這麼殘忍的回覆。

很久很久之後，她冷靜下來思索，確實，日後她不用再三天兩頭掛心孩子，就算最後剩下她一個人，至少走的時候了無牽掛，一如佛家說的萬緣放下。

在慈濟多年，她也明白很多事情都是因緣，「不要想太多，好好做現在能做的」、「把握當下，創造以後更好的因緣」，她這樣告訴自己。轉念之後，焦慮慢慢減輕，心也漸漸開了。

她在茶道課程時，曾以「花開花謝」為題，分別與楊美瑳和杜俊元討論，如果夫妻之中注定有一方先走，他們會如何選擇？

楊美瑳想了想，回答：「我希望他先離開，因為他都靜靜的，跟孩子話也不多，我若先走，留下他一個人會很孤單的。」

杜俊元卻直接了當地說：「誰先離開不是重點啦，重要的是看我們這一生的慧命有沒有成長！」擲地有聲，霎時把所有感傷都打散，讓人不自覺地跟著振奮起來。

「幸好參加慈濟，幸好有靜思茶道，遇到這麼多善知識，給我鼓勵與啟發，讓我可以走出來。」吳美鳳深深感恩。

她也思及，平日泡茶時，常得在茶湯的濃淡、溫度的掌控中，調出最好的味道，人生也是如此，很多時候對於既成的事實，唯有學習調整轉念，才能繼續下去。

楊美瑳雖是大家的精神領袖，但她也是跟著證嚴法師學習一次次調整心念，才有如今的淡定與豁達。

她回憶早期自己還有點毛躁，有次比手語，下臺階時不慎跌倒，造成手指骨折，法師看到她包紮的手，問她怎麼了？她說出因由，原本期待得到安慰，卻換來一句：「不用心！」讓她一呆，隨即是一陣難過，以及深深的反省。

還有一次在法師面前，她開玩笑地說杜俊元喝茶沒有品味，法師突然說：「我也是啊！」她霎時住口，原來法師不喜歡這些批評別人的話，正在點她呢，從此再也不敢告狀。

法師每到高雄，杜俊元與楊美瑳都會去隨師。有次到分會，恰是早上六點用餐時間，不久法師即準備離開。看到隊伍中的楊美瑳，法師又輕輕一句：「你來吃早餐的喔！」

她聽了委屈不已，想著師父怎麼會這麼說？早餐不過是豆漿、饅頭，她怎麼會為早餐而來？覺得被誤解了，她難過到上車後還在掉眼淚。後來一想，法師一定有深意，將過程整個回憶一遍，發現他們那時候抵達，眾人都要挪位置、引起一番騷動，果然是自己做得不夠好。

「上人不會跟你說太多，但每一句都是在教你，必須仔細思考內涵，一定是有什麼需要改進的。」楊美瑳非常崇敬法師，總是一字一句放在心上斟酌，將他當成學習的目標，所有委屈、難過丟一旁，就這樣慢慢調整出行住坐臥該有的規章。

人說習性難改，但對楊美瑳而言，只在要不要改而已。百煉成鋼之後，她心志愈加堅定，一舉一動皆是風範，自己也成為後輩們學習的榜樣。

「大家都很認真聽法、懂法，但真正落實在生活上的，美瑳師姊絕對是一個。」由楊美瑳接引進慈濟的薛美雲說，高雄茶道教師以楊美瑳為標準，每個都很守規矩。

品書、雅樂、茶食、布置、收納

這天，高雄靜思堂上午有茶道進階課，下午則是每兩個月一次的茶道教師小區家聚。

來學茶道的人，有的是想了解慈濟人文，有的則單純喜歡茶道的氛圍，覺得很溫馨，就一直上到進階課。

「泡茶的過程是一種調整。認識各種茶該有的色香味，就像去認識各式各樣不同的人，然後學習不同的互動。」吳美鳳說出了靜思茶道的迷人之處。

另一位茶道教師徐美娥，則帶著使命感說：「德師父曾告訴我們：『你們不是婆婆媽媽、不是歐巴桑，你們是重要的傳法者！』為了這句話，我就不敢辜負手裏的這杯茶。」

尤其靜思茶道的家庭茶，以茶為媒介，凝聚家人的感情，在共飲之間，促進家庭的幸福。茶道所衍生的品書、雅樂、茶食、布置、收納等主題，也是很好的品味及品性養成。

這天的進階課由徐美娥、薛美雲兩位老師主講收納的技巧，學員紛紛分享心得，「今天學到『正人先正心』，要品好茶，得先將環境收拾好。我回家就要開始打掃環境了。」

「生活真的要斷捨離，我決定把用不到的電器、書籍拿到回收站，讓資源有更好的運用。」

「茶道是有節、有度且有禮的一門學問，在品茶的過程，感受到一種美好的幸福。」

這些回饋，都是茶道教師們的耕耘成果，也是他們持續努力的動力，希望接引更多嚮往美善的菩薩入門。

下午的小區家聚，除了聯絡感情，也是各項事務報告、會務決議的時刻。事前得知楊美瑳會出席，大家都有一分期待。因為此前新冠疫情及照顧杜俊元的關係，她不一定每次都能參加。但只要她來，大家就覺得好像有了主心骨。

在幾乎全員到齊的茶道教室，滿頭銀髮的楊美瑳坐在最前方，隨身攜帶一本小冊子，記錄各項要點；吳美鳳、蔡玲芬等幹部在兩旁，一一聆聽各組工作討論。

這天，坐鎮的楊美瑳，幫忙裁決了學員中途報名的材料費爭議、布置教室的布料是否重新採購等討論，大家乘著她在，有問題紛紛提出來。

最後，是眾所期待的「合心叮嚀」時間。楊美瑳以這幾年照顧杜俊元的心境做分享。「人的意念跟生活習慣，會影響健康，所以，顧好心的意念非常重要，像上人說的，要正思、正見、正念。」她與大家互勉。

她說，與杜俊元攜手走過一甲子，遇過許多事，也還有很多事要忙，尤其老顧老並不容易，有時難免會累，但心中仍保持歡喜，「因為有上人的法，各種狀況都樂於接受。境轉心不轉，有心有福有願有力，這幾句話用在生活中，就覺得自己很有福。」

溫馨的下午，大家珍惜相處的時刻，幾句叮嚀，幾聲笑語，盡顯慈濟大家庭的親厚，以及法親情誼的綿密。最後以〈無量壽佛〉的歌聲彼此祝福，小區家聚圓滿，期待下次再聚。

大慈悲為室　　慈濟委員　飛天

大慈悲為室　柔和忍辱衣　諸法空為座　處此而說法……

《法華經》〈法師品第十〉

第十章
不改初心

位在高雄市區的杜宅，建於一九七六年，鬧中取靜，外觀簡樸，前面有一個小庭院，主建築旁還有一間小共修處。

一九七〇年杜俊元一家搬至高雄創業時，原先是租房子，後來才買了此處，當時屋子後面都是田地，還會有水蛇跑進來。隨著都市的發展，周遭已是建築林立，杜家卻仍維持著靜謐悠然的氛圍。

一心守護 親自照顧

二〇一五年，杜俊元因為免疫系統方面出現問題，多次出入醫院，漸漸從事業及志業第一線退下來，自此大部分時間多在家中療養。

「陪著他闖過那麼多事業的關卡，原本想等他退休後，一起去環遊世界、坐坐愛之船，沒想到他會生病，哪裏都去不了。」楊美瑳說，真的是計畫趕不上變化。

孩子各自成家立業，楊美瑳也成為杜俊元的主要照顧者。「他是我的先生，生病了，當然是我來顧。而且我本來就喜歡照顧別人，還滿習慣的。」她小時候的志願是當護理人員，要不就是開一間幼稚園，自己當園長或老師，總之都是照顧人的工作。多年下來，她確實將杜俊元看護得無微不至。

照顧病人並不容易，尤其是老顧老的狀況，有人問她要不要找個外傭來幫忙？她予以回絕。

她想到了自己的父母，他們結縭數十年，感情一直很好，晚年兩人還會相約去喝咖啡、看電影。

母親八十歲時往生，父親沒了伴，自此落寞下來，有時楊美瑳怕他無聊，問他要不要出門走走，或是去看個電影？他一想到妻子不在，哪裏都不想去了。第二年，父親也跟著走了。

「我師兄雖然生病了，至少我們一直在一起，吃飯、聊天都有人作伴。」她堅持親力親為，「我們是老夫老妻，一起走過六十多年，沒有人比我更了解他，交給別人，我不放心。」

「我想和他一起白頭偕老，自然是要照顧到底。」看似強勢的楊美瑳，心中一片柔軟，因為捨不得，所以一心守護。

杜俊元身形瘦弱，但意志力與耐力卻非常人可及，他在病中很少叫苦，很多狀況都是自己忍著熬過去。「他很少開口叫人家幫他做什麼，通常是你發現不對勁了，才知道他在痛。」

有一次他難得出聲，跟妻子說：「美瑳，我牙痛……」

她一檢查，「啊，牙齒都發炎了，怎麼這麼嚴重才說！」普通人早就受不了，他還是忍了許多天。楊美瑳趕忙帶他去看牙醫，吃完飯就一顆牙一顆牙幫他清理。

楊美瑳曾去花蓮參加活動，幾天後回來，突然看到他長了帶狀皰疹，那是非常痛的，他卻還是一聲不吭。楊美瑳就念他：「你這樣反而讓我更困擾，萬一拖久了更難治，怎麼辦？」

去臺北定期回診時，醫師檢查他的腳，發現不知什麼時候長了很多水泡，回家後怕他自己洗澡會弄破皮，變成蜂窩性組織炎，楊美瑳改幫他擦澡，在廚房燒幾桶熱水，兒子從旁協助，幫他從臉到腳慢慢擦拭，還要隨時注意水溫，不能燙著，也不能太冷。

「你說請外傭，有可能照顧到這麼細膩嗎？」楊美瑳語氣淡淡，卻帶著堅持，「只有老伴才會這樣任勞任怨、無怨無悔。」

近年，杜俊元因氧氣不足，常常會喘，需要戴氧氣鼻管，加上氣管常要清痰，沒有人幫忙會很吃力，可是他還是說：「沒關係，這是我的事，我自己來。」盡量不麻煩別人。

「你也可以放著讓他自己來，但我就是不忍心，因為這樣他會很辛苦。」深知杜俊元的個性，楊美瑳會特別注意觀察，許多病症一有徵兆就處理，盡量事先預防。

她每天做筆記，將他早中晚的藥分門別類放好，按時盯著吃，時時注意他的身上有沒有破皮傷口等。雖然體能退化不可逆，但在楊美瑳細微的看顧下，也獲得不少緩和。杜俊元曾經歷幾次危險都即時搶救下來，妻子功不可沒。

杜俊元每次定期到臺北慈濟醫院回診，都是楊美瑳自己帶他從高雄去。茶道組的吳美鳳曾教楊美瑳如何借用高鐵站的輪椅，她一學就會，從此搭高鐵的這一段行程就方便多了，包括高鐵票也都是她自己訂的。到臺北之後，杜俊元以前的一位事業夥伴，會固定開一輛大車到高鐵站出口來接，免去他們找計程車的麻煩，這位朋友還會帶杜俊元愛吃的點心給他當晚餐。雖然杜俊元說他過去事業上的朋友不多，但結下的都是好因緣。

證嚴法師曾在開示時，闡釋佛教的「七輩婦」，提示了女性在家庭裏的重要角色：

一、母婦：照顧先生如母親照顧子女般細膩。

二、妹婦：尊重先生如兄長。

三、智識婦：提供智慧輔助先生事業。

四、婦婦：柔和善順相夫教子，勤儉持家。

五、婢婦：任勞任怨照顧家庭。

六、惡婦：驕慢、惡習不改。

七、奪命婦：不做家務，不守婦道，甚或謀害丈夫。

前五類屬「良婦」，後兩類屬「惡婦」。楊美瑳對照自己人生的軌跡，發現除了最後一項，所有角色她都扮演過。

「母婦」不用說了，「妹婦」也是有的，「知識婦」相當於協助杜俊元創業及承擔華泰公司董事長，「婦婦」是結婚以來一直秉持的，「婢婦」則是幫煮飯、幫洗澡、幫穿衣……真的像婢女一樣什麼都做。

「『惡婦』的話，有時我脾氣一上來，很用力的話就會說出口，但想到上人的靜思語『脾氣、嘴巴不好，心地再好，也不能算是好人』，察覺自己造口業了，就趕緊反省，再多多疼他一點，補回來。」

其實七輩婦的樣貌，常會在生活中交替出現，重要的是自我觀照以及調整。楊美瑳是很律己的人，總是守著自己的本分在做事，歷數媳婦的角色、母親的角色，甚至職場上的角色，「我不一定每個都得心應手，但遇到一定會去承擔。」

從最早的兩人世界，後來有了三個孩子變成自己的小家庭，到孩子成家立業，「現在不過是再回到兩人世界，每個階段都有每個階段的辛苦和幸福。」她坦然接受，按部就班做好即可。

長期浸潤在靜思茶道的她，以泡茶為例，茶湯最重要的三個要素是：溫度、茶葉量、時間的控制，要泡出一壺恰到好處的茶，需要三者不斷嘗試與調整，久了才能掌握火候。

「光是泡茶就這麼多變化，何況人的心念、外面的境界隨時都在變呢！」總歸來說，還是那句老話，學習轉念，負面情緒一來就調整心念，往往可以平心靜氣，柳暗花明。

孩子貼心 常伴左右

楊美瑳非常重視生活的規律性，認為是維持健康的基礎。每天一大早，她會帶上供花、供果與茶水，到住家樓上先禮佛。

上香時，先跟觀世音菩薩說說話，祈願淨化人心、祥和社會、天下無災難；也期望自己和先生能夠身體健康、成功地老化。接著，虔誠念誦《觀世音菩薩普門品》、《心經》、《藥師咒》等，完成功課再下樓準備早餐。

楊美瑳與杜俊元結婚後，六十多年來天天自己做家事，從年輕就養成為家人煮三餐的習慣。三個孩子小時候，傍晚四、五點放學回來，一定會看到媽媽穿起圍裙在炒菜，她很喜歡這樣的家庭氛圍。

杜俊元的公司在加工出口區，接的都是國外的訂單，沒有複雜的人情往來。他不會抽菸、喝酒，也不愛交際應酬，什麼娛樂都沒有，天天下班就回家，作風正派得不太像大公司老闆，風評非常好。

許多太太們都很羨慕楊美瑳，有次一位朋友還跟她說：「我那個先生，也沒看他賺幾個錢，就常常在外面花天酒地了，杜先生做那麼大的事業，卻從沒有聽過任何花邊新聞，真是奇怪啊！」

楊美瑳也認證，「他是會回家吃飯的人，這也表示我很認真在煮啊！」孩子們也說，她做太太或做媽媽，都很稱職。

他們的家庭教育，不規定孩子一定得走什麼路，隨興發展就好。每年除夕，全家會聚在一起，用完餐就開始分享，過去一年的理想有沒有達到？新年度的目標是什麼？是簡單而溫馨的歲末交流。

孩子們的人生軌跡跟他們有點相似，都是在國內念完大學，夫妻再一起出國念書。孫子出生後，也都是媳婦自己帶，到稍微可以離手了，媽媽再進職場就業。

看著他們兩夫妻相處，孩子們也學到不少，生活及事業都穩穩當當，讓他們很放心。她打趣：「我和杜師兄出品的，不會差到哪裏去。」

杜俊元生病之後，老大杜紹堯、女兒杜新慧每週回家探望。事業在美國的二兒子杜紹民，這幾年則是美國、臺灣兩地跑，有空就會回來長住一段時間，協助媽媽照顧爸爸。

新冠肺炎疫情期間，回臺還要先隔離，住兩個星期的防疫旅館才能回家，杜紹民毫不抱怨，楊美瑳有點心疼又欣慰，「孩子這樣跑很辛苦，所以回來我都煮好料的給他吃，他說媽媽煮的素食超好吃的。」

這段期間，也是父母與子女之間的重新貼近。杜俊元回憶，孩子小的時候，他正在拚事業，大多是楊美瑳打理他們的生活。到孩子長大出國念書、成家立業，各有各的天地，相處的時間更少了。但自他生病，不論是住院或在家療養，孩子們常常回來探視、輪流陪病，父子之間談談心、泡泡茶，反而更拉近彼此距離，未嘗不是一種收穫。

對杜紹民而言，回來幫媽媽一起照顧爸爸，其實像是重新學習、重新上課，「媽媽有夠嚴格的，家裏大小事都逃不過她的法眼。」他玩笑地說。

杜紹民從小特別有主見，老師形容他是用胡蘿蔔引誘、或用藤條打，都拿他沒辦法的孩子，因為他還是會照自己的意思來，「所以，上天總要派一個可以讓我馬上立正站好的人來，那就是媽媽。」杜紹民形容得有趣。

不論是杜俊元的照顧細節，或是在家的生活起居，楊美瑳都有一定的標準，連帶也會要求孩子一起做到。

「我做事或許沒有媽媽那麼細致，但在照顧爸爸方面，我還是可以幫上忙的。」杜紹民虛心接受指點，也珍惜跟父母相處的每一刻。

這幾年，楊美瑳也教杜紹民泡茶，「泡茶有一定程序，會讓人沈澱，所以泡茶也要有規矩。」包括如何用六度（布施、持戒、忍辱、精進、禪定、智慧六種菩薩修行法門）來泡一壺好茶，如何時時用心、日日觀想，讓生活變得更有條理。

杜紹民還沒辦法抓住精髓，但他有自己的步調，「也許我的茶還泡得離離落落，但我想泡好的心，是可以感受到的。」他知道媽媽在 push 他，希望他不要只停留在六十分，而是在生活及處事上變得更好。這是母親的愛，無論他們多大年紀，媽媽都是這樣子的。

「事情沒有做周全，就等於沒做。這也是對生活態度的一種要求喔！」即使到現在，整日忙著照顧杜俊元，楊美瑳還是會找時間，每天泡一壺茶，靜下心來慢慢品味；杜俊元沒有力氣泡了，換兒子回來一起泡，這一壺家庭茶，她始終掌握著很好的火候與溫度。

珍惜緣分 視如家人

除家人之外，杜家還有一位法親黃麗齡，多年來幫他們分攤家務，宛如親人一般。

同為委員的黃麗齡，個性樸實認真，早期在高雄靜思堂財務單位協助核帳，常常幫同組的楊美瑳拿簿子，兩人因此相熟。

二〇〇八年，楊美瑳想找一位法親幫忙打理生活事宜，第一個就想到黃麗齡，她也答應了下來，唯一的要求，是希望每週一讓她繼續去靜思堂做志工，打掃環境種福田。

剛開始，黃麗齡沒有把握能做多久，一來她沒有家管的相關經驗，再者，楊美瑳對品質的要求很高，她怕自己做不好，常常想著：「會不會半年就離開了呢？」沒想到跟著楊美瑳，至今已整整十五年。

黃麗齡可說是最接近杜俊元跟楊美瑳生活的法親，對這對夫妻的相處滿是讚歎。「我從來沒有看過他們爭吵，不論生活或志業，他們都配合得非常好，很敬愛彼此。」

茶道教師常常要外出授課或培訓，早期楊美瑳要回靜思精舍時，會問杜俊元：「師兄，我放著你幾天，自己在家可以嗎？」杜俊元完全護持：「沒問題呀，不要因為我的緣故而阻擋你的腳步。」

有時，楊美瑳的茶道課上得晚了，杜俊元在家會先煮好麵，等她回來一起吃，夫妻感情甚篤。

黃麗齡說，杜俊元脾氣非常好。「我從沒看過像他修養那麼好的人，而且他是太陽照得到、照不到都一樣表裏如一。」

她剛到杜家時，杜俊元還在上班，出門前看到她，一定會說一聲：「麗齡，我出去上班了。」剛開始，她還吃了一驚：「我只是來幫忙的人，他其實不需要跟我打招呼的，但他對我就像對家人一樣尊重，真的很感動。」

之前，杜俊元身體狀況許可時，每週要到臺北關渡大愛臺開會，黃麗齡說：「他一定會去，除非當天火車沒有開。」非常守時重諾。

即使後來身體出問題，黃麗齡也從來沒聽他抱怨過，再怎麼不舒服，他都是自己默默忍受，不會遷怒或對人發脾氣。「美瑳師姊常說，杜師兄是一個很好照顧的病人，我則覺得，他是一位真正的修行者。」

勤勞又踏實的黃麗齡，平日在杜家負責環境清理、庭園打掃、外出採購，她的優點是動作很快，缺點是不夠細心，楊美瑳也會像媽媽一樣地指導她。長久耳濡目染，黃麗齡覺得自己做事的品質提升不少，很有成就感；生活的規律性與節奏感，也跟著杜家調整得不錯，這都是她的收穫。

楊美瑳習慣自己做飯、親自打理杜俊元照顧事宜，這兩部分很少請黃麗齡幫忙，「美瑳師姊對杜師兄的照顧，是任何一個看護都辦不到的。」點點滴滴看在眼裏，那種老伴的情誼，讓黃麗齡感動又佩服。

問她為什麼能夠一待十五年？她想一想，說：「是他們的德行吧，不知不覺會被吸引，會想向他們學習。」

她感覺來到杜家像入寶山，一直處在善的氛圍裏，自己也受到薰陶。她每天一邊打掃一邊念佛，還可以學到禪定的功夫。

有人問起，自己一人、沒有同事，會不會無聊？她不加思索說：「一點都不會，因為與佛同在，這邊就像一處菩薩地。何況上人說過，掃地功德大，我每天都做得很歡喜。」她露出樸實的笑容。

跟著杜家這麼多年，感受他們平易近人卻又不凡的一面，黃麗齡深有所感：「我覺得他們在慈濟可以做這麼多事，是因為他們本來品行就很好，和慈濟的磁場非常契合，加入之後馬上就融入，所發揮的良能也更大。」

有時，家裏剛好沒什麼要忙的，楊美瑳會主動放她假去參加慈濟的活動，「下午有茶道課，麗齡，你可以去看看。」「今天是美鳳在教插花，好好去跟她學一下。」久而久之，她也成為茶道志工，享受靜思茶道的舒壓與法喜。

二〇一四年有一天，黃麗齡突然腹部疼痛，痛到不省人事，被送到醫院，一檢查是巧克力囊腫，後來又發現癌細胞，醫師要她趕快開刀。

她憂心忡忡，想到手術加上休養，至少要花半年的時間，應該沒辦法繼續工作了，主動跟楊美瑳請辭，楊美瑳只給她一句，「你安心養病，這期間我和師兄自己做家事，我們等你回來。」

當時大女兒請假照顧她，也抽空替代媽媽去杜家幫忙，楊美瑳還請女兒轉告她：「可以來杜家養病，這裏環境不錯，坐著休息也很好呀！」

後來，黃麗齡的大女兒結婚，很少參加喜宴的杜俊元與楊美瑳特地出席，杜俊元還上臺致詞，像家長一樣，為從小看到大的孩子送上祝福。

後期，杜俊元身體狀況下滑，黃麗齡經過一番思考，主動停止連續十年、每週去高雄靜思堂打掃的工作，分擔杜家更多的家務，就怕楊美瑳太辛苦。

杜俊元知道後，還惋惜地問：「真的不去掃了嗎？會不會太可惜了？」黃麗齡說：「沒關係的，我都考量過了，有些事情更重要。」許多事不必多說，法親的情誼盡在其中。

黃麗齡的先生李嘉南，從高雄靜思堂總務工作退休之後，楊美瑳也請他來當司機：「杜師兄如果要去哪裏，我會事先打電話，其餘時間，嘉南可以去當志工。」

其實他們現在已很少出門，有時北上回診去高鐵站搭車、或者去靜思堂開一下會，才需要車子接送，大多時候就讓李嘉南去環保站幫忙。

楊美瑳覺得，「我跟杜師兄沒有時間當志工，就讓他們幫我們做，這不是很好？」

她笑著說：「他們就像我們的孩子一樣，有緣在一起就珍惜，也算是跟我們作伴吧。慈濟大家庭的法親就是這樣！」

病苦考驗　修行功課

在慈濟這條路上，杜俊元是把證嚴法師當作菩薩，楊美瑳則把法師當作偶像，共通點都是對於法師的所思所想，他們一定遵守並做到。

楊美瑳回憶自年輕到現在，也曾參加過不少慈善團體，因為都是在做好事，她也會隨緣捐款支持，「但慈濟不一樣，要捐時間、捐體力，在付出之中，增長自己的慧命。」所以只有慈濟，她是選擇一路走到底。

比起曾經在高級餐廳舉辦的募款餐會，或是鎂光燈下高調地認捐獎助學金，真正讓她有感覺的，還是到慈濟醫院去當志工。即使需要花上一週的時間，晚上睡在大通鋪，一大早得去加護病房排班，幫家屬穿隔離衣、收拾髒衣物……她都覺得格外踏實。

楊美瑳深覺，法師就是一個理念，「信己無私，信人有愛。」他相信每個人都有愛心，只是欠一個啟發而已，「很慶幸，我也是被啟發的人，而且至今沒有掉隊。」

杜俊元又是另一種模式。二兒子杜紹民曾說，小時候就覺得父親極為優秀，「像是一座永不可及的高山。」雖然杜紹民從不覺得自己差，「可是對於父親，我連比較的念頭都沒有。」

父母走入慈濟，親近證嚴法師，杜紹民也受到不少啟發。他觀察到，父親從小個性不服輸，一路求學就是狀元，可謂意氣風發、頭角崢嶸。這樣的人會讓人仰望、羨慕，有時會興起競爭心，更多的是不敢挑戰。

「可是父親遇到上人，馬上就變渺小了，因為上人像吸鐵，沒有鋒芒畢露，無須競爭比較，卻能吸引人一起成就許多事。」這某方面也詮釋了杜俊元追隨證嚴法師的因由。

杜俊元曾說，能加入慈濟、親近法師，是他一生中最慶幸、最堪玩味的好事。「感恩美瑳引領我進入慈濟大團體，更感恩上人『從來不計較擔子太重，只是針對事情是否該做來取決』，這等慈心悲願，非常人所能及。」因此他發願以在家弟子之身護持慈濟，以出家弟子之心推動志業。

證嚴法師也曾讚歎他們：「夫妻倆同志同道、互重互愛，發大心即得大福，發大願即得大力。無論經營事業或推動志業，都是有聲有色，真是一對富中之富的菩薩道侶。」

杜俊元生肖屬虎，楊美瑳屬龍，她玩笑地說，他們家是龍虎鬥，「我跟師兄其實個性沒有很合，但對慈濟是同一個心，同一個方向，就是跟著上人走。」

楊美瑳活潑，杜俊元沈穩，有時候她會抱怨，「你怎麼都安安靜靜不講話，這樣很無聊耶！」杜俊元則覺得，老夫老妻的，每天能談的也不多啊，重點不在話多話少，只要有默契就夠了。

「我家師姊是大智若愚，看起來文靜，其實她是一號人物。在她心中，我這個老公是普普通通，家中柴米油鹽醬醋茶，我就沒半樣會，覺得我有夠鈍的，一點都派不上用場。」杜俊元笑笑地自我反省。「不過，我們現在能夠平平淡淡地生活，就是一種幸福。」

早年，靜思精舍曾將檜木磨成粉，製成香包，上有題字，贈送給資深委員。楊美瑳拿到的是「律己」，剛好和她一生規範自己、守分守際的個性相符。杜俊元拿到的則是「忍辱」，也契合他內斂的性格。

後來幾年，他回精舍過年，抽了一次籤，再次抽到「忍辱」；隔幾年再抽，還是「忍辱」。「連續三次之後，我就知道以後不用抽了，我這一生一世就是要忍辱。」

這分忍辱，從他在慈濟的作風，也可以看出來。人人都說杜俊元在慈濟廣結善緣，沒有得罪過人，事實也是如此。

即使他對別人的觀點與看法，心中不一定認同，但他從不公開反駁，也不會主動發聲，而是等待契機，當對方前來徵詢，他才會說明。給對方意見時，還常得稍微拐彎抹角，才能讓人聽進去。

「這就是忍啊，有時候忍那麼多年，才等到一個契機出現，說上那關鍵的一、兩句話。」但他就是有這個耐心。

以前投入事業，也曾年少氣盛。開會時，覺得自己想法比別人高明，不講出來怎麼行？常常得罪人而不自知，吃了很多苦頭。入慈濟後，學會善解包容，會議上就靜靜聆聽，有人詢問，再發表意見，往往事半功倍。

「人的心念分分秒秒都在動，這一秒是善，下一秒不一定。所以心要靜下來，終極目標是分分秒秒都能靜。這個很難，我不敢說自己學了多少，但我一直在努力，煩惱也一直在減少。」杜俊元分享他在禪定及忍辱上的修行。

二〇二〇年元旦，環保三十感恩志工聯誼會，大愛臺董事長杜俊元和楊美瑳帶領同仁前往高雄岡山參加活動。（攝影／呂秀芳）

這幾年因為身體的狀況，對於「病苦」這個課題，杜俊元也有自己的看法。他認為生病本就是一件無奈的事，「牽扯到生命的時候，其實很簡單，不是生就是死，我只有一個基本想法，就是希望活著的時候一定要精神敏銳，不要糊里糊塗還要麻煩人照顧。」

「我所感受的苦，不是身體有多苦，而是很多事想做卻做不了。那種無力感，才是真正困擾我的。」杜俊元又提及，「上人身體也不好，他的責任更重，他都沒有喊苦，我又算老幾？」

「上人是全球慈濟人的精神領袖，又要扛起以蒼生為念的大願，負擔之重，心志堅定，無人能比。我很用心在跟上人學習，但層次仍是差太遠了，還得再加油。」

生病後，杜俊元無法參與慈濟，在心理上也要重新調適。「長期療養是很孤單的，雖然身邊有師姊作伴，但跟出去參加慈濟活動、大家在一起的感覺還是不一樣。」

幾年前，當他聽到法師說：「師父在說法，弟子在睡覺。」就在住家旁的共修處架設視訊連線，親自操作設備，每天聽晨語、薰法香，也開放讓社區的志工一起參加，增進和法親們的互動。每逢薰法香周年慶，楊美瑳還會準備茶湯、茶食一起分享。

杜俊元身體狀況下滑後，換黃麗齡每天來開機器，有時冬天一大早過來，沿路天色還昏暗，遠遠看到杜家房間的燈亮起來，知道他們也準備要下來了，黃麗齡心中一片溫暖，這又是菩薩聚集的一天！

春和景明　波瀾不驚

證嚴法師曾交代杜俊元，「身體要顧好。」這句話他一直放在心上，也懺悔自己沒有做到。

體能的問題，不是單靠意志力可以解決，對於妻子長久以來的細心照料，他一直很感恩。因此，凡是自己能做的，就盡量自己來，希望發揮一點作用，減輕她的負擔。這些年來，對於許多法親的關懷與問候，他深深感謝，但確實也無力負荷眾人的探望，只得一一婉拒。

有人問他：「想不想回精舍、見見上人？」他直接說：「那是增加別人的負擔！還要費心關照我這個病號，不用啦！」反正他都在看《人間菩提》，每天薰法香，那就夠了。

「上人是菩薩來人間，他要照顧的人太多了，我只是眾多弟子之一，這輩子可以跟著他學習，已經很感恩了，不敢讓師父再操心。」

幾度經歷生死關頭，杜俊元與楊美瑳對於未來，一切都很坦然。杜俊元說：「我早就知道死亡並不可怕，怕也沒用，該走的時候，怎麼求老天都沒用，不該走的時候，自然是走不了。人生的劇本是寫好的，平常心面對就可以。」

有些人一直擔心，往生之後會去哪裏，「其實應該問的，是你在一生之中，做了多少利益眾生的事。」他認為，有多少時間、體力、財力，就盡量照本分去做，其他不必多想。

楊美瑳也覺得，他們如今已經八十多歲了，「俗話說七十看年，八十看月。也就是七十歲開始，體力一年不如一年；上了八十，就是一個月不如一個月，這個差別真的可以感受得到。」她更能體會法師開示的「是日已過，命亦隨滅」，天天都要自我警惕、盤點生命，反思自己的人生價值。

「上人說，生老病死本來就是自然法則，我們能讓身體不老化嗎？不可能啊，只要照顧好自己的身心，其他該怎樣就怎樣。」楊美瑳無所畏懼。

然而就像杜俊元希望精神的敏銳，她也很注重頭腦的敏捷，之前做過體檢，發現前額葉有一個白點，據報告說是失智的前兆，「我們是老顧老，我一定不能失智。」

所以，她認真做家事，勤於走動，維持體能與健康。現在，楊美瑳不只學會電腦，還自己製作茶道課的ＰＰＴ，操作線上課程、錄影教學等，大家都讚歎她的學習精神。

身為高雄慈濟人的大兄長，杜俊元即使退下一線，仍時時關心慈濟的未來。有人向他請益，如何做慈濟？他建議年輕一輩，「第一步要學習放下，學習廣結善緣。」看到人家做好事就跟著去，把自己的位置跟想法盡量放淡，去觀察慈濟人在做什麼，做中學，才會有累積。

「慈濟裏，臥虎藏龍、三教九流都有，不管是現身說法或是環保、茶道，多去接觸就會有好的機緣。」

「跟著上人的腳步，這一生能學多少，都是因緣福報，每個人下的功夫不一樣，得到的就會不同。」

……

道理非常淺顯，卻句句是實踐的良言。

至於慈濟的傳承，他則不怎麼擔心，因為法師天天都在開示，全世界有這麼多慈濟人在聽，總有一些人會聽入心。「只要弟子能聽進去，慧命可以傳承，不管時代再怎麼變，環境再怎麼變，都會有適合的人出來，慢慢地核心團隊也會產生，就可以承擔下去了。」杜俊元滿懷信心。

走過人生高低起伏，回首依然初心如故。杜俊元與楊美瑳，菩薩道上謙卑的長者身影，是慈濟世界的鮮明印記。他們一路走來，白首相依，若春和景明，波瀾不驚。

參考資料

- 《經典雜誌》：〈承擔與實踐：杜俊元與楊美瑳〉，陳淑華撰文，二〇〇〇年四月
- 《看見菩薩身影14：杜俊元、楊美瑳》，阮義忠、袁瑤瑤合著，二〇〇三年四月
- 《爝火不息：高雄慈濟志工行經之路》：〈一念化永恆：杜俊元的故事〉，張晶玫撰文，二〇一八年十二月
- 《杜俊元影像訪談逐字稿》，二〇二二年二月二十六、二十七日，羅綸有提供

霜雪映初心　杜俊元與楊美瑳

作　　者／何貞青
照片提供／楊美瑳、慈濟花蓮本會文史處採輯室數位典藏組
主　　編／陳玫君
校對志工／高怡蘋
美術指導／邱宇陞

創 辦 人／釋證嚴
發 行 人／王端正
合心精進長／姚仁祿
主 責 長／王志宏
圖書出版部首席／蔡文村

出 版 者／經典雜誌
財團法人慈濟傳播人文志業基金會
112019 臺北市北投區立德路 2 號
編輯部電話／02-28989000 分機 2065
客服專線／02-28989991
劃撥帳號／19924552　戶名／經典雜誌
印　　製／禹利電子分色有限公司
經 銷 商／聯合發行股份有限公司
231028 新北市新店區寶橋路 235 巷 6 弄 6 號 2 樓
02-29178022
出版日期／2023 年 11 月初版一刷；2024 年 9 月初版五刷
定　　價／新臺幣 420 元

國家圖書館出版品預行編目 (CIP) 資料

霜雪映初心:杜俊元與楊美瑳 / 何貞青作 .-- 初版 --
臺北市:經典雜誌, 財團法人慈濟傳播人文志業
基金會 ,2023.11
304 面;15x21 公分
ISBN 978-626-7205-45-7(精裝)

1.CST: 杜俊元 2.CST: 楊美瑳 3.CST: 傳記

783.31　　112008848